Jing-Zhu Guodao Zhuganxian Anyang zhi Xinxiang Gaosu Gonglu

京珠国道主干线安阳至新乡高速公路

Gai-Kuojian Gongcheng Jungong Yanshou

改扩建工程竣工验收

第三册　工程决算、财务决算、审计

李宏志　主编

人民交通出版社股份有限公司
China Communications Press Co.,Ltd.

内 容 提 要

本书收录了京珠国道主干线安阳至新乡高速公路改扩建工程的工程决算、财务决算、审计等资料内容报告，较为全面地反映了高速公路建设资金的使用、管理与规范，对进一步加强高速公路建设成本管理具有积极的现实意义。

本书可供高速公路建设、设计、施工、监理等单位的合同、财务等人员参考使用。

图书在版编目(CIP)数据

京珠国道主干线安阳至新乡高速公路改扩建工程竣工验收．第三册／李宏志主编．—北京：人民交通出版社股份有限公司，2016.12

ISBN 978-7-114-13581-1

Ⅰ.①京… Ⅱ.①李… Ⅲ.①高速公路-改建-道路工程-工程验收-河南②高速公路-扩建-道路工程-工程验收-河南 Ⅳ.①U418.8

中国版本图书馆 CIP 数据核字(2017)第 002108 号

书　　名：京珠国道主干线安阳至新乡高速公路改扩建工程竣工验收(第三册)工程决算、财务决算、审计
著 作 者：李宏志
责任编辑：韩亚楠　赵瑞琴
出版发行：人民交通出版社股份有限公司
地　　址：(100011)北京市朝阳区安定门外外馆斜街 3 号
网　　址：http://www.ccpress.com.cn
销售电话：(010)59757973
总 经 销：人民交通出版社股份有限公司发行部
经　　销：各地新华书店
印　　刷：北京鑫正大印刷有限公司
开　　本：787×1092　1/16
印　　张：9.5
字　　数：229 千
版　　次：2016 年 12 月　第 1 版
印　　次：2016 年 12 月　第 1 次印刷
书　　号：ISBN 978-7-114-13581-1
定　　价：40.00 元

编　委　会

目　录

第一部分　工程决算

第二部分　财务决算

第三部分　审　计

第一部分

■工 程 决 算■

竣工工程决算说明书

京珠国道主干线安阳至新乡高速公路改扩建工程是河南省重点建设项目，是贯穿我国南北的重要公路交通大动脉，是连接河南豫北地区和豫、晋、冀、鲁四省交界的重要交通枢纽。该项目北起京港澳高速公路豫冀界收费站，途径安阳、鹤壁、新乡3个省辖市10个县区，南接新乡至郑州高速公路。该项目全长113.173公里，全线共有大小桥梁91座，涵洞通道340座，互通式和分离式立交49座，天桥1座，服务区2座。先后连接安林、鹤濮、济东3条高速公路，1条107国道，301、304、308等9条省道，跨越安阳河、淇河、卫河等13条河流和1条铁路。改建后路基宽度42米，路面净宽2×19米，设计行车时速120公里，采用两侧直接拼接加宽双向8车道高速公路标准。该项目概算总投资46.585 8亿元，项目于2008年4月28日开工建设，主线2010年11月1日建成通车。

一、项目立项及概算批复情况

2005年3月，国家环境保护总局以环审〔2005〕253号文批复了京珠国道主干线安阳至新乡高速公路改扩建工程环境影响报告。

2005年9月，中华人民共和国水利部以水保函〔2005〕354号文批复了京珠国道主干线安阳至新乡高速公路改扩建工程水土保持方案。

2005年10月，国家发展和改革委员会以发改交运〔2005〕2072号文批复了京珠国道主干线安阳至新乡公路改扩建工程可行性研究报告。

2007年10月，中华人民共和国交通部以交公路发〔2007〕568号文批复了京珠国道主干线安阳至新乡公路改扩建工程的初步设计，并核定概算总投资34.575亿元。

2008年3月，中华人民共和国国土资源部以国土资函〔2008〕166号文批复了京珠国道主干线安阳至新乡高速公路改扩建工程安阳至新乡段工程建设用地。

2008年5月，中华人民共和国交通部批复了京珠国道主干线安阳至新乡高速公路改扩建工程开工报告。

2008年5月，河南省交通运输厅以豫交计〔2008〕92号文件批复了京珠国道主干线安阳至新乡高速公路改扩建工程施工图设计。

2010年8月，河南省交通运输厅以豫交规划〔2010〕272号文批复了京珠国道主干线安阳至新乡高速公路改扩建工程绿化施工图设计。

2010年8月，河南省交通运输厅以豫交规划〔2010〕274号文批复了京珠国道主干线安阳至新乡高速公路改扩建工程机电工程详细设计、供配电照明工程施工图设计。

2010 年 5 月,河南省交通运输厅以豫交规划〔2010〕148 号文件批复了京珠国道主干线安阳至新乡高速公路旧路改造工程施工图设计,批复预算为 91 575 万元。

2010 年 9 月,河南省发展和改革委员会以豫发改基础〔2010〕1471 号文件批复了京港澳高速公路安阳服务区改扩建工程项目申请报告,批复项目估算总投资 13 479 万元。

2011 年 7 月,河南省交通运输厅以豫交规划〔2011〕161 号文件批复了京港澳高速公路安阳服务区改扩建工程施工图设计,核定该项目施工图预算为 14 068 万元。

2010 年 9 月,河南省发展和改革委员会以豫发改基础〔2010〕1470 号文件批复了京港澳高速公路鹤壁服务区改扩建工程项目申请报告,批复项目估算总投资 13 804 万元。

2011 年 7 月,河南省交通运输厅以豫交规划〔2011〕163 号文件批复了京港澳高速公路鹤壁服务区改扩建工程施工图设计,核定该项目施工图预算为 14 465 万元。

二、项目部的成立及机构设置

2004 年 12 月 27 日,河南高速公路发展有限责任公司以豫高司工〔2004〕745 号文批复成立河南高速公路发展有限责任公司安新改建工程项目部(以下简称项目部)。项目部 2004 年 7 月开始筹建,正式成立于 2005 年 9 月 21 日,注册地为新乡市金穗大道东段,注册号为 410700300003615,经营范围:高速公路、特大型独立桥梁等交通基础设施的投资、经营与管理;高速公路养护;实物及设备租赁与维修;技术服务;咨询服务。

项目部机构设置按照高发公司对机构设置和人员定编的要求,分设综合处、财务处、合同处、工程处、质监处、保通处六个职能部门,分别负责项目的综合业务、内外环境协调、计划合同管理、财务管理、资金管理、工程技术、质量监管等项工作。

三、资金来源及资金到位情况

2005年128 000 000.00元(其中项目资本128 000 000.00元,银行贷款0.00元),2006年150 000 000.00元(其中项目资本金0.00元,银行贷款150 000 000.00元),2007年90 000 000.00元(其中项目资本40 000 000.00元,银行贷款50 000 000.00元),2008年1 093 580 000.00元(其中项目资本733 580 000.00元,银行贷款360 000 000.00元)。2009年680 000 000.00元(其中项目资本公积130 000 000.00元,银行贷款550 000 000.00元)。2010年1 308 070 000.00元(其中项目资本金272 070 000.00元,银行贷款1 036 000 000.00元)。2011年511 500 000.00元(其中项目资本金140 000 000.00元,银行贷款371 500 000.00元)。2012年190 500 000.00元(其中项目资本金0.00元,银行贷款190 500 000.00元)。2013年151 500 000.00元(其中项目资本金0.00元,银行贷款151 500 000.00元)。2014年80 000 000.00元(其中项目资本金0.00元,银行贷款80 000 000.00元)。2015年79 845 200.00元(其中项目资本金43 445 200.00元,银行贷款36 400 000.00元)。2016年1－2月48 000 200.00元(其中项目资本金26 400 200.00元,银行贷款21 600 000.00元)。

四、土地征迁情况

(一)征地审批情况

京珠国道主干线安阳至新乡高速公路改扩建工程土地审批情况:国土资函〔2008〕166 号文共批复建设用地 318.328 7 公顷。

(二)实际征地情况

本项目实际征地面积 318.328 7 公顷。以下是土地办证的具体情况:

序号	土地使用证号	土地面积		使用权类型	发证日期
		平方米	亩		
1	鹤国用(2013)第0176号	12 450.743	18.68	作价出资	2009年10月30日
2	鹤国用(2013)第0177号	14 600.144	21.9	作价出资	2009年10月30日
3	鹤国用(2013)第0178号	14 042.582	21.06	作价出资	2009年11月2日
4	鹤国用(2013)第0179号	89 934.261	134.9	作价出资	2009年10月30日
5	鹤国用(2013)第0180号	70 705.911	106.06	作价出资	2009年11月2日
6	鹤国用(2013)第0181号	66 219.317	99.33	作价出资	2009年11月2日
7	鹤国用(2013)第0182号	3 667.351	5.5	作价出资	2009年10月30日
8	鹤国用(2013)第0183号	63 895.615	95.84	作价出资	2009年11月2日
9	鹤国用(2013)第0184号	9 910.936	14.87	作价出资	2009年10月30日
10	鹤国用(2013)第0185号	16 070.236	24.11	作价出资	2009年11月2日
11	鹤国用(2013)第0186号	31 163.465	46.74	作价出资	2009年10月30日
12	鹤国用(2013)第0187号	36 432.159	54.65	作价出资	2009年11月2日
13	未办理	160 000.8	240	划拨、经营性用地	
14	未办理	483 423.417	725.131 5	划拨	
15	安国用(51)第1175(一)号	1 177 415	1 766.11		2013年9月11日
16	安国用(51)第1366号	107 661.1	330	划拨	2013年9月11日
17	安国用(51)第1367号	113 907.92	15.164	划拨	2013年9月11日
18	安国用(51)第1326号	3 288.53	4.933	经营性	2012年4月24日
19	安国用(51)第1327号	977.25	1.466	经营性	2012年4月24日
20	安国用(51)第1328号	3 288.53	4.933	经营性	2012年4月24日
21	安国用(51)第1329号	977.22	1.466	经营性	2012年4月24日
22	新国用(2013)第020110号	9 291.2	13.93	作价出资	2013年9月16日
23	新国用(2013)第020106号	8 180.6	12.27	作价出资	2013年9月16日
24	新国用(2013)第020105号	649.1	0.97	作价出资	2013年9月16日
25	新国用(2013)第020109号	2 178.9	3.27	作价出资	2013年9月16日
26	新国用(2013)第020111号	524.8	0.787	作价出资	2013年9月16日
27	新国用(2013)第020107号	2483	3.72	作价出资	2013年9月16日
28	新国用(2013)第020108号	2 507.7	3.76	作价出资	2013年9月16日
29	卫国用(2013土)第20550A号	57 280	85.92	作价出资	2013年9月20日
30	卫国用(2013土)第20551号	49 363	74.04	作价出资	2013年9月20日
31	卫国用(2013土)第20552号	112 701	169.05	作价出资	2013年9月20日
32	卫国用(2013土)第20553号	109 815	164.72	作价出资	2013年9月20日
33	卫国用(2013土)第20554号	380	0.57	作价出资	2013年9月20日
34	卫国用(2013土)第20555号	60 817	91.225	作价出资	2013年9月20日
35	卫国用(2013土)第20556号	47 584	71.376	作价出资	2013年9月20日
36	卫国用(2013土)第20557号	105 572	158.357	作价出资	2013年9月20日
37	卫国用(2013土)第20558号	110 813	166.219	作价出资	2013年9月20日

续上表

序号	土地使用证号	土地面积		使用权类型	发证日期
		平方米	亩		
38	卫国用(2013 土)第 20559 号	1 819	2.73	作价出资	2013 年 9 月 20 日
39	卫国用(2013 土)第 20560 号	21 298	31.947	作价出资	2013 年 9 月 20 日
合计		3 183 289.787	4 787.704 5		

征地拆迁共支付 35 437.69 万元。

五、主要工程技术标准

本项目设计采用交通部颁布的《公路工程技术标准》JTG B01—2003,全线采用双向八车道高速公路技术标准设计。其主要控制技术指标如下表。

序号	指标内容	单位	指标
1	公路等级		双向八车道高速公路
2	计算行车速度	km/h	120
3	路基宽度	m	42
4	行车道宽度	m	2×4×3.75
5	中央分隔带宽度	m	3
6	硬路肩	m	2×3
7	土路肩	m	2×0.75
8	涵洞、通道宽度		与路基同宽
9	路面结构		沥青混凝土
10	桥面净宽	m	2×19
11	桥梁设计荷载		公路-I级
12	出入口控制		全控
13	桥梁设计洪水频率		1/100,特大桥 1/300

六、工程招投标情况

本项目具体招标情况为:设计单位 3 个,监理单位 2 个,施工单位 51 个,其中土建 18 个标段、路面 7 个标段、护栏 5 个标段、标志 2 个标段、标线 5 个标段、旧路改造工程 5 个标段、绿化 2 个标段、机电 1 个标段、房建工程 6 个标段。

1.主要中标设计单位见下表。

合同段	设计单位
第一合同段	中交第一公路勘察设计研究院有限公司
第二合同段	河南省交通规划勘察设计院有限责任公司
AXGZSJ-1	江苏省交通科学研究院股份有限公司

2.主要中标监理单位见下表。

合同段	监理单位
A 监理代表处	河南省中原公路工程监理有限公司
B 监理代表处	北京华通公路桥梁监理咨询公司

3.主要中标施工单位见下表。

标　段	施工单位	
土建 No.1 标	北京城建道桥工程有限公司	
土建 No.2 标	中交第一公路工程局有限公司	
土建 No.3 标	中交第三公路工程局有限公司	
土建 No.4 标	中铁十一局集团有限公司	
土建 No.5 标	无锡市交通工程有限公司	
土建 No.6 标	中铁四局集团有限公司	
土建 No.7 标	中铁十五局集团第一工程有限公司	
土建 No.8 标	中铁五局集团第一工程有限责任公司	
土建 No.9 标	中铁十五局集团第五工程有限公司	
土建 No.10 标	路桥集团国际建设股份有限公司	
土建 No.11 标	中铁十一局集团第一工程有限公司	
土建 No.12 标	河南省公路工程局集团有限公司	
土建 No.13 标	中交一公局第六工程有限公司	
土建 No.14 标	河南省公路工程局集团有限公司	
土建 No.15 标	中铁九局集团有限公司	
土建 No.16 标	路桥华东工程有限公司	
土建 No.17 标	中铁十局集团有限公司	
土建 No.18 标	中交一公局第六工程有限公司	
路面 No.19 标	路桥华祥国际工程有限公司	
路面 No.20 标	中交第四公路工程局有限公司	
路面 No.21 标	中国凯瑞国际经济技术合作有限公司	
路面 No.22 标	枣庄市道桥工程有限公司	
路面 No.23 标	河南省公路工程局集团有限公司	
路面 No.24 标	河南路桥建设集团有限公司	
路面 No.25 标	河南省公路工程局集团有限公司	
标志 AXBZ-1 标	江苏博纳华交通科技有限公司	
标志 AXBZ-2 标	周口市公路交通设施有限公司	
标线 AXBX-1 标	河南富昌道路设施有限公司	
标线 AXBX-2 标	开封市通达公路工程有限公司	
标线 AXBX-3 标	安徽恒通交通工程有限公司	
标线 AXBX-4 标	天津华安公路交通工程有限公司	
标线 AXBX-5 标	天津华安公路交通工程有限公司	
护栏 AXHL-1	山西长达交通设施有限公司	
护栏 AXHL-2	河南省新乡六通实业有限公司	

续上表

标　　段	施 工 单 位	
护栏 AXHL-3	潍坊东方交通设施工程有限公司	
护栏 AXHL-4	天津华安公路交通工程有限公司	
护栏 AXHL-5	山东富博交通设施有限公司	
绿化 AXLH-1 标	河南万绿园林绿化工程有限公司	
绿化 AXLH-2 标	河南林峰园林绿化工程有限公司	
机电 AXJD-1 标	河南中天高新智能科技开发有限责任公司	
旧路改造 AXGZ-1 标	安徽水利开发股份有限公司	
旧路改造 AXGZ-2 标	上海先为土木工程有限公司	
旧路改造 AXGZ-3 标	上海久坚加固工程有限公司	
旧路改造 AXGZ-4 标	北京特希达科技有限公司	
旧路改造 AXGZ-5 标	中交三公局桥梁隧道工程有限公司	
AXFWQ1	北京城建二建设工程有限公司	
AXFWQ2	河南水利建筑工程有限公司	
AXFWQ3	河南省大河筑路有限公司	
AXFWQ4	中原油田建设集团公司	
AXFWQZS1	山东雄狮建筑装饰工程有限公司	
AXFWQZS2	河南华盛建设集团有限公司	

七、项目的组织和管理

按照交通部基本建设程序的规定，项目部按照法定程序完成了本项目土建、路面、护栏、标志、标线、绿化、机电、旧路改造、房建等工程的施工招标、监理招标等工作，在前期准备工作基本就绪的前提条件下，项目部逐级上报了公路建设项目开工报告申请，中华人民共和国交通运输部同意本项目工程开工建设，项目部主要开展了以下工作。

（一）创新管理模式，极大提升了项目建设综合效能

京珠国道主干线安阳至新乡高速公路改扩建工程开工以来，围绕强化队伍管理，提高工程建设质量，积极探索高速公路建设和管理的新路子，在项目建设中提出了争创“十无”目标，即：安全无事故、质量无缺陷、进度无延期、环境无污染、廉政无案件、管理无漏洞、企业无违规、办公无杂乱、职工无抱怨、施工无投诉；对项目部和监理单位提出了“十字”工作准则，即：监督、检查、协调、指导、服务。

项目建设过程中，项目部严格执行国家基本建设程序，遵守国家各项法律法规、规章制度，建立健全内部组织机构，并选调政治素质、业务素质等方面过硬的专业技术人员，明确其任务职责和工作标准，在人员少、任务重的情况下积极、稳妥地开展各项工作。沿线市政府以及沿线县政府对本项目给予了高度重视，项目沿线分别成立相应的项目协调指挥部。上述机构的成立以及项目部有序、规范、高效地运作，为本项目按时、保质、保量地顺利建成，提供了强有力的组织保证。

（二）严格工程投资控制、加强建设资金监督管理

建设工程招投标制度是建设单位控制工程造价的高效手段，我单位依据《中华人民共和

国招投标法》及《河南省高速公路发展有限责任公司招标评标实施细则》要求公开招标。编制严密、准确的招标文件,采用有限低价评标法,以标价合理等综合条件选择合适的施工单位,签订严密的施工承包合同,从而有效地控制工程造价。

为严格资金管理,项目部根据《国有建设单位会计制度》和财政部《基本建设财务管理规定》等相关的财经法规制度,制定了《财务报销制度》、《现金使用范围》、《管理费用日常报销程序》,搞好会计核算和财务管理。为防止承包商截留、挤占和挪用建设资金,提高投资效益,项目部制定了《京珠国道主干线安阳至新乡高速公路改扩建工程建设项目资金管理办法》,纳入项目部与监理单位、施工单位签订的合同协议书中,确保建设资金的专款专用。

同时,为了保证工程资金的及时供应,项目部在计量支付方面制定了《计量与支付细则》和《计量支付管理办法》,按照各标段的形象进度来控制资金的拨付,这样既可以保证正常的资金供应,又可避免施工单位挪用、转移工程款。同时坚持计量与支付三级审查制度,在施工中严格执行包括施工单位自检、驻地监理抽检、监理代表处中心实验室抽查的三级质量控制体系。采用先进的检测设备,严格的检测方法,对施工全过程实施质量监督,发现问题及时解决,对不合格的工程必须返工,直至监理工程师认可,杜绝质量隐患。承包商完成某项工程或工程量清单中某一项,首先由承包商按合同要求整理中期计量资料,向驻地监理工程师提出报验申请,经驻地监理验收合格签字后,方可申报本项目计量。监理代表处计量工程师对该部分工程抽检和审查,确认工程质量、数量无误后,正式开具工程支付证书。最后由项目部各有关处室(工程技术处,合同计划处,财务处,副总经理,总经理)对计量进行核对复审,才能办理支付。计量程序化、支付制度化,防范提前或重复计量,充分保证施工进度。

(三)工程质量控制管理

为了加强质量管理,确保项目总体质量目标的顺利实现,项目部从内部和外部两方面着手,采取一系列措施,严把工程质量关,确保工程质量,在过程中狠抓落实,确保实现优良工程目标。

1.项目部与各监理单位、施工单位签订目标责任书,明确工程质量目标:即"分项工程实体质量合格率达到100%;确保实体工程质量优良率达到100%"。

2.建立健全施工单位"质量自控体系",即要求监理单位、施工单位建立完善的质量保证体系,并保证其有效运行。试验室资质必须满足省厅质检站要求,满足工地试验需要;项目经理、总工程师等主要人员的资质和资历要求满足招标文件和施工要求,总质检工程师和各分项工程质检工程师必须独立,不得兼职,并拥有"质量一票否决权"。

3.严格"五检测制度"。即自检:施工班自检,工班长在每日下班必须对当日完成的工作质量进行检查,做好记录,工后讲评,对于不合格的工序不得交接,返工合格后才能交接。互检:不同施工班组进行相互检查,及时发现问题,进行经验交流,取长补短,提高工作质量。交接检:上道工序与下道工序交接时必须进行相互检查,对不合格的工序不交接,更不得进入下道工序施工,并且限期整改,直至合格才能下道工序施工。试验室抽检:对于"自检、互检、交接检"合格的工序试验室必须按照规范规定的抽检频率进行现场抽检,严格按照试验操作规程进行试验,发现不合格的工序和问题及时进行纠正或返工,直至合格后才能进入下道工序施工。监理工程师抽检:施工单位的每道工序完成自检后,有质检工程师签认,填写报验通知单,通知监理工程师按照规范规定的抽检频率进行抽检,合格后才能进入下道工序施工,否则返工处理,直至合格。对于已经完工的实体质量,经常进行"拉网式"质量检查,发现质量问题,坚决推倒重来,决不留下质量隐患,力争一流工程。

4.强化三控,即"事前控制、事中控制、事后控制"。强化"事前控制"就是要加强源头管理,严把材料进场关,杜绝不合格材料进场,同时做好技术交底和技术培训,准备"工、料、机"进场,各分项工程开工前承包商必须报监理工程师批准,未经批准不准开工。抓好"事中控制"就是要加强施工过程控制,把好施工现场管理关,关键工序或隐蔽工程施工中,必须有监理工程师全过程旁站监督。每道工序完成后,由承包商自检,自检不合格,自行返工或者补救,自检合格后,填写工程质量检验单,通知驻地监理检验,监理检验不合格工序,必须补救返工,合格后才能进行下道工序施工。严格"事后控制"就是生产出的成品或半成品最终必须经过质量验收,未经监理工程师检验并且签认合格的工程,一律不予计量支付。

5.沥青路面质量和平整度控制:为了保证路面结构层质量,切实提高路面平整度,项目部成立了路面质量及平整度控制领导小组,并建立质量控制组织机构,坚决贯彻执行省交通厅《关于进一步提高路面平整度质量的通知》精神,下发《各处室联系督导各路面施工单位路面平整度的通知》至各施工单位,把平整度指标层层分解到人,同时要求各路面单位必须树立强烈的质量意识、品牌意识,建立健全组织体系、完善科学的管理手段和有力的措施保证,并要加强原材料配合比控制,有效地控制基层收缩裂缝的安全,路面平整度要从基层抓起,加强摊铺、碾压工艺控制。项目部进一步加强对平整度的督导,及时了解和掌握对应标段平整度的控制动态,采取相应措施改善提高平整度,满足省厅要求。

(四)合同管理

项目部具有完善、规范化的合同管理能力,依据交通运输部颁的有关规定和相关条款制定了京珠国道主干线安阳至新乡高速公路改扩建工程合同要求及施工规范,合同中明确双方的权利、义务以及责任,使工程项目的执行有据可依,有章可循。具体为:

1.与沿线各县、区人民政府或协调领导小组办公室签订的公路用地征地拆迁协议,规定了公路建设用地征拆的时间、任务、费用等内容。

2.与监理单位签订的工程监理服务合同,规定监理单位有义务就工程进度、质量和投资对业主负责,制定监理人员岗位责任制和廉洁奉公制度,派驻地监理旁站监督,计量监理工程师严格复核计算把关,监理代表处制定计量支付会审制度,客观公正,坚持原则。

3.与中标人签订工程施工合同文件,规定承包商必须按照施工规范和程序施工,人员、设备必须按时到位,全面执行合同。项目部工程处、合同处、质监处严把工程计量和工程质量关,对监理工作、施工单位施工管理再监督,同时,开展"文明施工,创优质工程"活动。

4.与各参建单位(监理单位、施工单位)签订目标责任书,是项目部日常管理的一项重大举措。此项措施克服了过去公路建设中"前松后紧,后期赶工"的不利现象,经过认真研究工程实际,将工程任务分解为多个节点目标,科学合理地抓进度,体现了项目部施工组织的连续性,协调性,均衡性,同时也保证了工程的建设质量。

5.在工程计量支付及管理方面严格合同管理,制定了《计量与支付细则》、《计量与支付管理办法》。始终坚持服务为上随到随处理的原则,准确进行工程计量,及时快速地支持了各施工单位资金合理运转,为工程的顺利开展创造了有利条件。率先引进了方便、高效、实用的计量支付软件,既审批快速,又有效地杜绝了手工计量时最容易出现的漏计、重计现象的发生,保证了计量的准确性。

6.及时、透明确定变更单价。对于变更工程项目或新增项目单价的确定,密切注意市场行情,深入施工现场,收集和掌握施工有关资料,认真分析,采用了公开透明方式集体研究确定。

7.建设过程中进行跟踪审计，及时发现问题，解决问题，对项目建设的每一个环节进行审计监督，可以起到事前、事中、事后监督并举，注重事前、事中监督，以事后监督推动事前、事中监督，可以及时发现工程、财务管理中存在的问题并加以整改，有效防范风险，强化并提高了项目建设管理水平。

（五）安全生产、文明施工管理

为加强标准化现场管理，提高施工现场技术人员的管理水平，本着建设标准规范化的安全施工环境为目的。以国家和地方现有的有关法律、法规、技术规范和标准为依据，以"安全第一，预防为主"为原则，结合项目部的标准要求，制定安全文明管理施工方案，确保无伤亡安全责任事故发生。

1.严格遵守和执行国家有关安全生产的法律法规以及国家建设部、交通部颁发的有关安全生产的规范和标准；

2.建立健全安全生产责任制，切实做到"安全才能生产，生产必须安全"，定期进行安全应急预案演练，避免重大安全生产事故的发生；

3.要求安全生产"三类人员"必须接受安全技术教育，熟知和遵守本工种的各项安全技术操作规程，定期或者不定期进行安全技术考核，合格者方准上岗操作；

4.所有施工机具设备和高空作业设备都进行定期检查，保证其经常处于完好状态；

5.对于易燃易爆的材料除要求专门妥善保管之外，还必须配备有足够的消防设施，相关人员都要求进行消防设备性能和使用方法的培训；

6.在影响交通或者公共安全的现场，要求必须设立醒目的安全标志，夜晚有灯光照明。

7.明确划分施工单位各人员的责任制，使其在施工过程中履行自己的责任和义务。项目经理是安全第一责任人，负责安全生产的直接责任。施工单位必须按照现场施工环境，配备具有经验的相应安全员人数。并定期有上属部门对其进行考核。

8.制定严格的安全技术操作规程，由施工单位安全员和富有经验的施工管理人员对各班组人员定期进行安全技术上的教育培训。

9.项目部安全领导小组时刻对施工单位进行远程控制，定期对施工单位进行检查，对不符合要求的施工部位（方案）提出整改要求。

10.安全管理目标：工亡事故为零，无重伤，千人负伤率≤0.3‰；杜绝重大火灾和机械伤亡事故；职业发病率为零；防止环境污染（噪声、尘毒、三废）达标率100%；特种作业人员持证上岗率100%；对新开工项目的施工人员进行安全三级教育培训工作达到100%；对新开工的施工劳动人员意外伤害保险办理达到100%。

八、主要设计变更情况

（一）土建工程

1.根据《基本农田保护条例》的规定，严禁在基本农田进行取土，因此各施工单位结合实际情况对原取土方案进行调整，远运砂砾土；清表后路基基底湿软需换填砂砾土等，以上相应增加借方增运费用。

2.为了路基边坡的稳定性及有利于进行植草防护，路基两侧各加宽50cm。

3.全线设计标高的调整，需加厚混凝土搭板；新老搭板存在角度差别，用混凝土填筑新老搭板之间的坑槽；部分标段明涵（明通道）搭板设计宽度不足，不能与老搭板衔接，将新搭板延伸至老搭板。

4.路床第四层填料由6%石灰土变更为4%水泥稳定砂砾土等。

5.老路硬路肩铣刨。

6.部分桥梁墙式护栏由现浇变更为现浇+预制新型墙式护栏。

7.路基两侧刺铁丝隔离栅采用GRC立柱新型材料。

8.增设声屏障。

9.增设通道雨棚。

10.土建一期施工单位增加纵向保通费。

11.小件预制创优。

12.增加桥头固化、绿化工程。

13.浚县互通区匝道、三角区主线改造。

14.老桥边板更换。

15.开挖台阶后湿软,用灰土处理或砂砾土处理。

(二)路面工程

1.为保证桥面与正常路段平稳顺接,增加桥面调平层。

2.增设彩色警示防滑路面。

(三)交安工程

1.桥头波形梁钢护栏由普通型变更为加强型。

2.按照河南省标改办要求,沿线部分标志进行了新增、更改、更换等。

(四)绿化工程

根据鹤壁市人民政府要求,为进一步丰富城市景观,提升城市品位,增加淇滨互通区内景观绿化;根据安阳市绿化委员会、安阳市交通运输局及安阳市高速公路建设指挥部要求,增加安阳站区绿化、安阳站出入口绿化及安阳互通立交区绿化等;根据服务区管理分公司要求,提高了服务区内绿化标准。

(五)旧路改造工程

增加旧桥梁板底勾缝。

(六)服务区工程

根据省交通运输厅及省公司要求,进一步深化设计了综合楼装饰工程等;根据服务区现场地质勘查情况,增加了砂砾土地基土工程,变更了路面及基层结构型式及厚度等;根据服务区管理分公司要求,提高了服务区设施标准等。

九、主要工程量

本项目设计路线全长113.173km,实际完成113.173km,共完成路基土石方644.4942万m^3。全线设有特大桥1 305.28m/1座,大桥2 840.38m/14座,中、小桥2 000.08m/76座,分离式立交桥42座;互通立交7处,主线通道163道,涵洞177道;人行天桥1处;桥梁顶升840孔,桥梁更换支座36 536个。

安阳服务区总建筑面积13 183m^2,其中综合楼8 179m^2(新建3 500m^2,旧楼改造4 679m^2),新建职工宿舍楼2 988m^2,加油站、维修车间、配电房等附属用房建筑面积共2 016m^2;道路及停车区面积为120 289m^2,绿化面积为77 592m^2。

鹤壁服务区总建筑面积14 643.1m^2,扩建综合楼建筑面积4 012.54m^2,改造综合楼5 277.44m^2。新建宿舍楼一座,含职工宿舍、餐厅等,建筑面积共3 225m^2。新建货车服务中心两侧各一座,共598.08m^2,综合机房共614m^2、维修车库共648m^2、加油站共268.04m^2,道路停车场、广场面积129 220m^2;绿化面积52 679.62m^2。

十、交工验收与工程质量评价

根据《公路工程竣(交)工验收办法》和《关于贯彻公路工程交竣工验收办法有关事宜的通知》按照《公路工程质量检验评定标准》的规定,2010 年 10 月 26 日河南省交通基本建设质量检测监督站出具了质量检测报告,认为本项目设计完善、合理、质量控制体系完备、有效,运转良好,施工质量控制良好,工程总评质量合格。

安阳服务区改扩建工程、鹤壁服务区改扩建工程整体工程质量合格。

十一、预留费用

1.预留待摊投资

预留待摊投资作为截止竣工决算日预留的费用,竣工决算表中列作待摊投资的各项费用,共包括 19 项内容,共计 18 855 150.00 元,目前已使用 2 918 252.13 元,剩余预留费用 15 936 897.87 元。具体见下表。

序号	科目全称	人数	标准(元/年/人)	时间(年)	预留费用(元)	已使用(元)	剩余预留费用(元)
1	职工工资	9	75 000.00	2	1 350 000.00		1 350 000.00
2	职工保险	9	30 000.00	2	540 000.00		540 000.00
3	劳保费	9	1 800.00	2	32 400.00		32 400.00
4	福利费	9	1 000.00	2	18 000.00		18 000.00
5	工会经费	9	1 500.00	2	27 000.00		27 000.00
6	教育经费	9	1 875.00	2	33 750.00		33 750.00
7	办公费			2	240 000.00		240 000.00
8	通讯费	9	3 000.00	2	54 000.00		54 000.00
9	差旅费			2	60 000.00		60 000.00
10	会议费			2	200 000.00		200 000.00
11	招待费			2	180 000.00		180 000.00
12	车辆使用费			2	360 000.00		360 000.00
13	房屋租赁费			2	470 000.00		470 000.00
14	咨询费			2	20 000.00		20 000.00
15	审计费				5 500 000.00	2 918 252.13	2 581 747.87
16	鹤壁服务区划拨转出让费	15 亩	40 万元/亩		6 000 000.00		6 000 000.00
17	鹤壁服务区办土地证费				100 000.00		100 000.00
18	鹤壁服务区消防验收费				100 000.00		100 000.00
19	安阳南站新增土地费用	21 亩	17 万元/亩		3 570 000.00		3 570 000.00
合计					18 855 150.00	2 918 252.13	15 936 897.87

2.预留工程费用

预留工程费用共计 2 项,金额合计 6 000 000.00 元。目前已使用 2 153 608.70 元,剩余预留费用 3.846 391.30 元。具体见下表。

序号	科 目 全 称	预留费用(元)	已使用(元)	剩余预留费用(元)
1	不可预见费	3 000 000.00		3 000 000.00
2	不可预见费	3 000 000.00	2 153 608.70	846 391.30
合计		6 000 000.00	2 153 608.70	3.846 391.30

十二、工程概算执行情况

(一)决算截止日期:2016 年 2 月 29 日。

(二)2007 年 10 月,交通部以交公路发〔2007〕568 号文批复了关于京珠国道主干线安阳至新乡公路改扩建工程的初步设计,并核定概算总投资 34.575 亿元。

2010 年 5 月,河南省交通运输厅以豫交规划(2010)148 号文件批复了京珠国道主干线安阳至新乡高速公路旧路改造工程施工图设计,批复预算为 91 575 万元。

2011 年 7 月,河南省交通运输厅以豫交规划〔2011〕161 号文件批复了京港澳高速公路安阳服务区改扩建工程施工图设计,核定该项目施工图预算为14 068万元。

2011 年 7 月,河南省交通运输厅以豫交规划〔2011〕163 号文件批复了京港澳高速公路鹤壁服务区改扩建工程施工图设计,核定该项目施工图预算为14 465万元。全线合计批复概算 46.585 8 亿元。

(三)本项目概算 4 658 578 196 元,每公里造价 41 163 336 元;本项目决算4 565 590 635 元,每公里造价40 341 695元,每公里造价比概算少821 641元,决算比概算少 92 987 561 元。

1.建筑安装工程费概算 3 861 929 571 元,每公里造价 34 124 125 元;建筑安装工程费决算 3 702 037 139 元,每公里造价 32 711 310 元,每公里造价比概算少 1 412 814 元;决算比概算少 159 892 432 元。

主要情况如下:

(1)路基概算 723 038 354 元,每公里造价 6 388 788 元;路基决算 829 456 595 元,每公里造价 7 329 103 元;每公里造价比概算多 940 315 元,决算比概算多 106 418 241 元。

(2)路面概算 1 258 381 488 元,每公里造价 11 119 096 元;决算 1 321 507 507 元,每公里造价 11 676 880 元;每公里造价比概算多 557 783 元,决算比概算多 63 126 019 元。

(3)桥梁、涵洞概算 880 031 433 元,决算 642 254 204 元,决算比概算少 237 777 229 元。

(4)其他工程及沿线设施概算 462 921 638 元,决算 382 343 548 元,决算比概算少 80 578 090 元。

(5)临时工程概算 71 409 229 元,决算 90 154 828 元,决算比概算多 18 745 599 元。

(6)管理养护及服务房屋概算 286 213 083 元,决算 30 5497 026 元,决算比概算多 19 283 943元。

(7)建安费预留费及其他支付概算 179 934 346 元,决算 130 823 431 元,决算比概算少 49 110 915元。

2.设备及工具器具购置费概算 36 692 029 元,决算 77 833 666 元,决算比概算多41 141 637元。

3.工程建设其他费用概算 759 956 596 元,决算 785 719 830 元,决算比概算多25 763 234元。

十三、工程决算编制依据

根据交通部交公路发〔2004〕507 号文件《关于发布公路建设项目工程决算编制办法的通知》,工程决算的编制主要根据下列资料进行编制:

1.经交通部、交通主管部门批准的概算文件、设计文件;

2.招标文件及与各单位签订的合同文件；
3.工程计量、工程变更、工程清算、审批文件及有关支付凭证；
4.竣工图纸；
5.其他有关文件、资料、凭证等。

十四、需要说明的其他事项

本项目工程决算中建安投资政府审计审定数如下表。

序号	合同段	施工单位	结算审定金额(元)	备注
1	土建 No.1	北京城建道桥工程有限公司	119 847 299	
2	土建 No.2	中交第一公路工程局有限公司	121 528 879	
3	土建 No.3	中交第三公路工程局有限公司	130 480 082	
4	土建 No.4	中铁十一局集团有限公司	110 189 717	
5	土建 No.5	无锡市交通工程有限公司	97 693 083	
6	土建 No.6	中铁四局集团有限公司	145 451 005	
7	土建 No.7	中铁十五局集团第一工程有限公司	119 102 673	
8	土建 No.8	中铁五局集团第一工程有限公司	62 583 987	
9	土建 No.9	中铁十五局集团第五工程有限公司	96 821 210	
10	土建 No.10	路桥集团国际建设股份有限公司	106 177 815	
11	土建 No.11	中铁十一局集团第一工程有限公司	125 221 658	
12	土建 No.12	河南省公路工程局集团有限公司	156 015 909	
13	土建 No.13	中交一公局第六工程有限公司	122 492 779	
14	土建 No.14	河南省公路工程局集团有限公司	97 470 974	
15	土建 No.15	中铁九局集团有限公司	83 518 335	
16	土建 No.16	路桥华东工程有限公司	87 693 285	
17	土建 No.17	中铁十局集团有限公司	34 609 471	
18	土建 No.18	中交一公局第六工程有限公司	115 519 155	
19	路面 No.19	路桥华祥国际工程有限公司	197 320 335	
20	路面 No.20	中交第四公路工程局有限公司	176 993 410	
21	路面 No.21	中国凯瑞国际经济技术合作有限公司	132 858 781	
22	路面 No.22	枣庄市道桥工程有限公司	131 635 352	
23	路面 No.23	河南省公路工程局集团有限公司	145 844 762	
24	路面 No.24	河南路桥建设集团有限公司	134 803 201	
25	路面 No.25	河南省公路工程局集团有限公司	260 337 991	
26	标线 AXBX-1	河南富昌道路设施有限公司	3 988 731	
27	标线 AXBX-2	开封市通达公路工程有限公司	2 585 652	
28	标线 AXBX-3	安徽恒通交通工程有限公司	6 790 725	
29	标线 AXBX-4	天津华安公路交通工程有限公司	2 980 871	
30	标线 AXBX-5	天津华安公路交通工程有限公司	2 617 308	

续上表

序号	合同段	施工单位	结算审定金额(元)	备注
31	标志 AXBZ-1	江苏博纳华交通科技有限公司	14 189 835	
32	标志 AXBZ-2	周口市公路交通设施有限公司	19 403 094	
33	机电 AXJD-1	河南中天高新智能科技开发有限责任公司	35 497 952	
34	绿化 AXLH-1	河南万绿园林绿化工程有限公司	5 501 213	
35	绿化 AXLH-2	河南林峰园林绿化工程有限公司	34 865 500	
36	旧路改造 AXGZ-1 标	安徽水利开发股份有限公司	19 049 707	
37	旧路改造 AXGZ-2 标	上海先为土木工程有限公司	14 798 984	
38	旧路改造 AXGZ-3 标	上海久坚加固工程有限公司	16 044 640	
39	旧路改造 AXGZ-4 标	北京特希达科技有限公司	18 932 624	
40	旧路改造 AXGZ-5 标	中交三公局桥梁隧道工程有限公司	30 345 715	
41	护栏 AXHL-1	山西长达交通设施有限公司	31 459 110	
42	护栏 AXHL-2	河南省新乡六通实业有限公司	15 586 676	
43	护栏 AXHL-3	潍坊东方交通设施工程有限公司	26 075 030	
44	护栏 AXHL-4	天津华安公路交通工程有限公司	20 417 781	
45	护栏 AXHL-5	山东富博交通设施有限公司	19 560 962	
46	AXFWQ1	北京城建二建设工程有限公司	83 415 041	
47	AXFWQ2	河南水利建筑工程有限公司	84 045 594	
48	AXFWQ3	河南省大河筑路有限公司	70 453 430	
49	AXFWQ4	中原油田建设集团公司	50 350 511	
50	AXFWQZS1	山东雄狮建筑装饰工程有限公司	17 029 023	
51	AXFWQZS2	河南华盛建设集团有限公司	15 825 491	

河南高速公路发展有限责任公司
安新改建工程项目部
二○一六年二月二十九日

建设项目概况表

建设项目名称：京珠国道主干线安阳至新乡高速公路改扩建工程　　　　01 表

建设项目名称		京珠国道主干线安阳至新乡高速公路改扩建工程			
建设起止时间	计划	2008 年 4 月 28 日起 3 年			
	实际	2008 年 4 月 28 日到 2010 年 11 月 1 日			
初步设计审批					
机关	中华人民共和国交通部	日期	2007 年 10 月 26 日	文号	交公路发〔2007〕568 号文
调整概算审批					
机关	无	日期	无	文号	无
项目法人		河南高速公路发展有限责任公司			
主要设计单位		河南省交通规划勘察设计院、中交第一公路勘察设计研究院有限公司			

主要技术指标			
	公路等级		高速公路
	路线全长（km）		113.173
	路基宽度（m）		42
	路面	宽度（m）	42
		厚度（cm）	22
		结构类型	沥青混凝土
	桥梁宽度（m）		净-2×19m
	隧道宽度（m）		
	设计车速（km/h）		120
	设计荷载		公路-Ⅰ级

主要工程量					费用情况（万元）			
分部工程名称		单位	设计	完成	费用名称	批准概预算	工程决算	净增减
路基土石方		m^3	5 572 509	6 444 941.936	第一部分　建筑安装工程费用	386 192.9571	370 203.7139	−15 989.2432
路基排水工程		m^3	279 307.7	54 218.82	路基工程	72 303.835 4	82 945.659 5	10 641.824 1
路基防护工程		m^3	137 741.1	106 686.57	路面工程	125 838.148 8	132 150.750 7	6 312.601 9
路面工程		m^2	3 028 677	4 671 556.71	桥梁涵洞工程	88 003.143 3	64 225.420 4	−23 777.722 9
桥涵工程	特大桥	m/座	1 305.28/1	1 305.28/1	隧道工程	—	—	—
	大桥	m/座	2 840.38/14	2 840.38/14	其他工程及沿线设施	46 292.163 8	38 234.354 8	−8 057.809 0
	中、小桥	m/座	2 000.08/76	2 000.08/76	临时工程	7 140.922 9	9 015.482 8	1 874.559 9
	涵洞	道	177	177	管理养护及服务房屋	28 621.308 3	30 549.702 6	1 928.394 3
隧道工程		m/座	0/0	0/0	建安费预留费及其他支付	17 993.434 6	13 082.343 1	−4 911.091 5
					零星工程预留费用		—	—
交叉	互通式立体交叉	处	7	7	第二部分　设备、工具及器具购置费	3 669.202 9	7 783.366 6	4 114.163 7
	分离式立体交叉	处	42	42	第三部分　工程建设其他费用	75 995.659 6	78 571.983 0	2 576.323 4
	平面交叉道	处	0	0	土地、青苗等补偿费及安置补助费	33 027.752 4	35 437.689 2	2 409.936 8
	通道	处	163	163	建设单位管理费	10 988.760 4	11 565.006 0	576.245 6
	人行天桥	处	1	1	研究试验费	240.000 0	2 130.374 6	1 890.374 6
环境保护工程		km	113,173	113.173	勘察设计费	7 064.200 0	6 642.637 8	−421.562 2
征地		亩	4 774.930 5	4 774.930 5	建设期贷款利息	24 674.946 8	17 759.026 7	−6 915.920 2
拆除建筑物		m^2			其他费用	—	5 037.248 7	5 037.248 7
					总金额	465 857.819 6	456 559.063 5	−9 298.756 1

编制：　　　　复核：　　　　审核：

投资控制情况比较表

建设项目名称：京珠国道主干线安阳至新乡高速公路改扩建工程　　单位：元　　02 表

项	目	工程或费用名称	批准的概(预)算	标底	工程合同	项目决算	工程合同与批准的概(预)算比较	工程合同与标底比较	项目决算与批准的概(预)算比较	项目决算与工程合同比较
			1	2	3	4	5	6	7	8
		第一部分　建筑安装工程费	3 861 929 571.00	3 752 027 090.69	3 382 417 716.01	3 702 037 138.9	-12.42%	-9.85%	-4.14%	9.45%
一		路基工程	723 038 354.00	1 118 204 853.95	891 468 608.00	829 456 594.85	23.29%	-20.28%	14.72%	-6.96%
	1	计价土方	148 862 507.00		481 019 433.00	462 486 149.87	223.13%	0.00%	210.68%	-3.85%
	2	计价石方	—		—	—	0.00%	0.00%	0.00%	0.00%
	3	排水工程	46 746 460.00		32 615 281.00	21 110 699.71	-30.23%	0.00%	-54.84%	-35.27%
	4	防护工程	80 466 178.00		84 432 755.00	49 297 920.78	4.93%	0.00%	-38.73%	-41.61%
	5	特殊路基处理	394 158 364.00		293 401 139.00	296 561 824.49	-25.56%	0.00%	-24.76%	1.08%
二		路面工程	1 258 381 488.00	1 132 450 684.99	1 070 769 669.00	1 321 507 507.31	-14.91%	-5.45%	5.02%	23.42%
	1	面层	982 630 569.00		783 274 445.00	1 104 438 488.87	-20.29%	0.00%	12.40%	41.00%
	2	基层	148 325 467.00		170 589 101.00	131 066 319.54	15.01%	0.00%	-11.64%	-23.17%
	3	底基层	63 415 374.00		85 290 092.00	61 777 573.00	34.49%	0.00%	-2.58%	-27.57%
	4	垫层	—		—	—	0.00%	0.00%	0.00%	0.00%
	5	路缘石	—		31 616 031.00	24 225 125.90	0.00%	0.00%	0.00%	-23.38%
三		桥梁、涵洞工程	880 031 433.00	643 044 686.97	547 463 294.56	642 254 204.16	-37.79%	-14.86%	-27.02%	17.31%
	1	涵洞	22 407 958.00		66 969 260.00	71 535 567.76	198.86%	0.00%	219.24%	6.82%
	2	桥梁	805 555 924.00		480 494 034.56	570 718 636.40	-40.35%	0.00%	-29.15%	18.78%
五		隧道工程	—	—	—	—	0.00%	0.00%	0.00%	0.00%
	1	洞门	—		—	—	0.00%	0.00%	0.00%	0.00%

续上表

项	目	工程或费用名称	批准的概(预)算	标底	工程合同	项目决算	工程合同与批准的概(预)算比较	工程合同与标底比较	项目决算与批准的概(预)算比较	项目决算与工程合同比较
			1	2	3	4	5	6	7	8
	2	明洞	—		—	—	0.00%	0.00%	0.00%	0.00%
	3	洞身	—		—	—	0.00%	0.00%	0.00%	0.00%
六		其他工程及沿线设施	462 921 638.00	178 170 819.00	276 354 425.96	382 343 547.89	-40.30%	55.11%	-17.41%	38.35%
	1	清除场地	1 394 536.00	—	19 800 917.00	26 742 431.37	1319.89%	0.00%	1817.66%	35.06%
	2	拆除建筑物、构筑物	3 598 917.00	—	94 628 774.95	123 105 368.90	2529.37%	0.00%	3320.62%	30.09%
	3	管理与养护设施	20 314 205.00	—	—	—	-100.00%	0.00%	-100.00%	0.00%
	4	安全设施	245 740 725.00	—	152 178 862.01	172 922 304.42	-38.07%	0.00%	-29.63%	13.63%
	5	服务设施	67 508 022.00	—	—	—	-100.00%	0.00%	-100.00%	0.00%
	6	环境保护工程	25 691 848.00	—	9 745 872.00	59 573 443.21	-62.07%	0.00%	131.88%	511.27%
		10KV 供电线路			—	—				
七		临时工程	71 409 229.00	142 632 562.00	88 783 936.00	90 154 828.00	24.33%	-37.75%	26.25%	1.54%
八		管理、养护及服务房屋	286 213 083.00	197 886 252.00	108 683 368.00	305 497 025.89	-62.03%	-45.08%	6.74%	181.09%
	1	管理房屋	—			—	0.00%	0.00%	0.00%	0.00%
	2	养护房屋	—		—	—	0.00%	0.00%	0.00%	0.00%
	3	服务房屋	285 324 865.00		108 683 368.00	305 497 025.89	-61.91%	0.00%	7.07%	181.09%
九		建安费部分 预留费用	179 934 346.00	—	—	—	—	—	—	—
		建安费部分 暂定金额	—	339 637 231.79	398 894 414.49	—	—	—	—	—
		建安费部分 其他支付	—	—	—	130 823 430.80	—	—	—	—
		第二部分 设备、工具及器具购置费	36 692 029.00	—	—	77 833 665.95	-100.00%	0.00%	112.13%	0.00%

续上表

项	目	工程或费用名称		批准的概(预)算	标底	工程合同	项目决算	工程合同与批准的概(预)算比较	工程合同与标底比较	项目决算与批准的概(预)算比较	项目决算与工程合同比较
				1	2	3	4	5	6	7	8
一		设备购置费		35 342 186.00	—	—	71 985 213.25	-100.00%	0.00%	103.68%	0.00%
二		工具、器具购置费		—		—	116 205.00	0.00%	0.00%	0.00%	0.00%
三		办公及生活用家具购置费		1 349 843.00	—	—	5 732 247.70	-100.00%	0.00%	324.66%	0.00%
四		购置费部分	预留费用	—	—	—	—	—	—	—	—
			暂定金额	—	—	—	—	—	—		
		第三部分　工程建设其他费用		759 956 596.00	—	—	785 719 829.88	-100.00%	0.00%	3.39%	0.00%
一		土地、青苗补偿及安置补助费		330 277 524.00		—	354 376 891.54	-100.00%	0.00%	7.30%	0.00%
二		建设单位管理费		109 887 604.00		—	115 650 060.40	-100.00%	0.00%	5.24%	0.00%
三		研究试验费		2 400 000.00		—	21 303 746.00	-100.00%	0.00%	787.66%	0.00%
四		勘察设计费		70 642 000.00		—	66 426 378.00	-100.00%	0.00%	-5.97%	0.00%
五		建设期贷款利息		246 749 468.00		—	177 590 266.50	-100.00%	0.00%	-28.03%	0.00%
六		其他费用部分	预留费用			—	50 372 487.44	0.00%	0.00%	0.00%	#VALUE!
			其他费用								
			暂定金额	—			—	—	—	—	—
		总金额		4 658 578 196.00	3 752 027 090.69	3 382 417 716.01	4 565 590 634.72	-27.39%	-9.85%	-2.00%	34.98%

编制：　　　　复核：　　　　审核：

工程数量情况比较表

建设项目名称:京珠国道主干线安阳至新乡高速公路改扩建工程　　　　第1页　共1页　　03表

项	目	工程或费用名称	单位	批准的概(预)算	工程合同	项目决算	工程合同与批准的概(预)算比较	项目决算与批准的概(预)算比较	项目决算与工程合同比较
				1	2	3	4	5	6
		第一部分　建筑安装工程费	公路公里	113.173	113.173	113.173	0.00%	0.00%	0.00%
一		路基工程	公路公里	113.173	113.173	113.173	0.00%	0.00%	0.00%
	1	计价土方	m^3	5 572 509.00	5 383 011.00	6 444 941.94	-3.40%	15.66%	19.73%
	2	计价石方	m^3	—	—	—	0.00%	0.00%	0.00%
	3	排水工程	m^3	279 307.70	152 367.60	54 218.82	-45.45%	-80.59%	-64.42%
	4	防护工程	m^3	137 741.10	311 001.98	106 686.57	125.79%	-22.55%	-65.70%
	5	特殊路基处理	km	113.173	113.173	113.173	0.00%	0.00%	0.00%
二		路面工程	公路公里	113.173	113.173	113.173	0.00%	0.00%	0.00%
	1	面层	m^2	3 028 677.00	4 373 782.00	4 671 556.71	44.41%	54.24%	6.81%
	2	基层	m^2	2 031 934.00	3 092 914.00	2 354 008.14	52.22%	15.85%	-23.89%
	3	底基层	m^2	2 079 982.00	2 922 697.00	2 093 401.62	40.52%	0.65%	-28.37%
	4	垫层	m^2	—	—	—	0.00%	0.00%	0.00%
	5	路缘石	m^3	—	168 150.76	235 211.70	0.00%	0.00%	39.88%
三		桥梁、涵洞工程	公路公里	113.173	113.173	113.173	0.00%	0.00%	0.00%
	1	涵洞	m/道	4425.7/259	60197.75/257	52104.44/340	#VALUE!	#VALUE!	86.56%
	2	桥梁	m/座	8189.76/145	8827.46/143	8093.22/140	#VALUE!	#VALUE!	#VALUE!

续上表

项	目	工程或费用名称	单　位	批准的概(预)算	工程合同	项目决算	工程合同与批准的概(预)算比较	项目决算与批准的概(预)算比较	项目决算与工程合同比较
				1	2	3	4	5	6
四		隧道工程	公路公里	113.173	0	0	-100.00%	-100.00%	0.00%
	1	洞门	座	0	0	0	0.00%	0.00%	0.00%
	2	明洞	m	0	0	0	0.00%	0.00%	0.00%
	3	洞身	m	0	0	0	0.00%	0.00%	0.00%
五		其他工程及沿线设施	公路公里	113.173	113.173	113.173	0.00%	0.00%	0.00%
	1	清除场地	公路公里	113.173	113.173	113.173	0.00%	0.00%	0.00%
	2	拆除建筑物、构筑物	公路公里	113.173	113.173	113.173	0.00%	0.00%	0.00%
	3	管理与养护设施	公路公里	113.173	0	113.173	-100.00%	0.00%	0.00%
	4	安全设施	公路公里	113.173	113.173	113.173	0.00%	0.00%	0.00%
	5	服务设施	公路公里	113.173	0	0	-100.00%	-100.00%	0.00%
	6	环境保护工程	处	2	0	1	-100.00%	-50.00%	0.00%
六		临时工程	公路公里	113.173	113.173	113.173	0.00%	0.00%	0.00%
七		管理、养护及服务房屋	公路公里	113.173	113.173	113.173	0.00%	0.00%	0.00%
	1	管理房屋	m^2	—	—	—	0.00%	0.00%	0.00%
	2	养护房屋	m^2	—	—	—	0.00%	0.00%	0.00%
	3	服务房屋	m^2	—	—	10 179.71	0.00%	0.00%	0.00%

编制：　　　　复核：　　　　审核：

概(预)算分析表

建设项目名称:京珠国道主干线安阳至新乡高速公路改扩建工程　　　　第1页　共2页　04表

项	目	工程或费用名称	单　位	工程数量	概(预)算金额(元)	涉及项目节编号
		第一部分　建筑安装工程费	公路公里	113.173	3 861 929 571	
一		路基工程	公路公里	113.173	723 038 354	
	1	计价土方	m^3	5 572 509	148 862 507	一.1、一.2、一.3、一.4、四.1.1-3、四.2.1-3、四.3.1-4、六 12.1-4、六.13.1-3
	2	计价石方	m^3			
	3	排水工程	m^3	279 307.7	46 746 460	一.6、四.1.12、14、17、四.2.13、15、18、四.3.10、12、六.12.11、13、六.13.10-11
	4	防护工程	m^3	137 741.1	80 466 178	一 8、四.1.15-16、四.2.16-17、四.3.13-14、六.12.14-15、六.13.12-13
	5	特殊路基处理	km	113.173	394 158 364	一.9-10、四.1.5-8、四.2.5-8、四.3.5-6、六.12.5-6、六.13.4-7
二		路面工程	公路公里	113.173	1 258 381 488	
	1	面层	m^2	3 028 677	982 630 569	二.3、4、8、11、四.1.9-10、四.2.9-11、四.3.7-8、六.12.7-9、六.13.8
	2	基层	m^2	2 031 934	148 325 467	二.2
	3	底基层	m^2	2 079 982	63 415 374	二.1
	4	垫层	m^2			
	5	路缘石	m^3			二.5
三		桥梁、涵洞工程	公路公里	113.173	880 031 433	
	1	涵洞	m/道	4 425.7/259	22 407 958	三.1、四.6、四.1.18、21、四.2.19、22、四.3.15、18、六.12.16、19、六.13.14、18
	2	桥梁	m/座	8 189.76/145	805 555 924	三.2-4、四.4-5、7、四.1.13、19、20、四.2.14、20、21、四.3.11、16、17、六.12.12、17、18、六.13.15-17
五		隧道工程	公路公里			
	1	洞门	座			
	2	明洞	m			
	3	洞身	m			

续上表

项	目	工程或费用名称	单　位	工程数量	概(预)算金额(元)	涉及项目节编号
六		其他工程及沿线设施	公路公里	113.173	462 921 638	
	1	清除场地	公路公里	113.173	1 394 536	六.1
	2	拆除建筑物、构筑物	公路公里	113.173	3 598 917	二.6、10、11、四.1.11、四.2.12、四.3.9、六.2、14、六.12.10、六.13.9
	3	管理与养护设施	公路公里	113.173	20 314 205	六.4、6-11、17
	4	安全设施	公路公里	113.173	245 740 725	六.5
	5	服务设施	公路公里	113.173	67 508 022	
	6	环境保护工程	处	2	25 691 848	六.15-16
七		临时工程	公路公里	113.173	71 409 229	七、二.7
八		管理、养护及服务房屋	公路公里	113.173	286 213 083	八
	1	管理房屋	m^2			
	2	养护房屋	m^2			
	3	服务房屋	m^2		285 324 865	
		建安费预留费用	公路公里		179 934 346	
		第二部分　设备、工具器具及家具购助费	公路公里	113.173	36 692 029	
一		设备购置费	公路公里	113.173	35 342 186	一
二		工具、器具购置费	公路公里			
三		办公及生活用家具购置费	公路公里	113.173	1 349 843	三
四		购置费预留费用	公路公里			
		第三部分　工程建设其他费用	公路公里	113.173	759 956 596	
一		土地、青苗补偿及安置补置费	公路公里	113.173	330 277 524	一
二		建设单位管理费	公路公里	113.173	109 887 604	二
三		研究试验费	公路公里	113.173	2 400 000	三
四		勘察设计费	公路公里	113.173	70 642 000	四
九		建设期贷款利息	公路公里	113.173	246 749 468	九
十		其他费用预留费用	公路公里	113.173		十
		概(预)算总金额	公路公里	113.173	4 658 578 196	

编制：　　　　复核：　　　　审核：

标底及合同费用分析表

建设项目名称：京珠国道主干线安阳至新乡高速公路改扩建工程

05 表

项	目	工程或费用名称	单　位	工程数量	标底金额（元）	合同金额（元）	涉及细目号
		第一部分　建筑安装工程费	公路公里	113.173	3 752 027 091	3 382 417 716	
一		路基工程	公路公里	113.173	1 118 204 854	891 468 608	
	1	计价土方	m^3	5 383 011		481 019 433	203-1-a;204-1-b、e、g、-g1、h、i、i、k、l、m、n、o、p、q、r
	2	计价石方	m^3				
	3	排水工程	m^3	152 367.6		32 615 281	207-1、207-1-a;207-2;207-4-a、b;207-7;313-6-c、e
	4	防护工程	m^3	311 001.98		84 432 755	207-7-a、b、c、d、e、f、g;207-8-a;208-1-a、b、c、d;208-2-a1、a2、a3;208-2-c;208-3-c;209-1-a、e
	5	特殊路基处理	km	113.173		293 401 139	205-1-f、f1、i1、i2、i3、j、k、l、l1;205-4-a、b
二		路面工程	公路公里	113.173	1 132 450 685	1 070 769 669	
	1	面层	m^2	4 373 782		783 274 445	307-2-a/307-3-b/308-1-a/308-2-a/308-2-a1/308-2-d/308-3-a/308-3-c;311-1-a、b、c
	2	基层	m^2	3 092 914		170 589 101	304-2-a、b
	3	底基层	m^2	2 922 697		85 290 092	303-1-a;304-1-a、b
	4	垫层	m^2	0		0	
	5	路缘石	m^3	168 150.756		31 616 031	312-1;312-4-a、b、c、312-5;312-5-a
三		桥梁、涵洞工程	公路公里	113.173	643 044 687	547 463 295	
	1	涵洞	m/道	60 197.75/257		66 969 260	419-1-a、b、c、d、e;420-1-a、b、c、d、e、f、g、h、i、j、k、l、m、n、o、p、q、r、s、t、u、v、w、x、y、z、z1、z10、z11、z12、z13、z14、z2、z3、z4、z5、z6;420-2-b、c、d、e、f

续上表

项	目	工程或费用名称	单　位	工程数量	标底金额（元）	合同金额（元）	涉及细目号
	2	桥梁	m/座	8 827.46/143		480 494 035	401-1;403-1-a、b、c;403-2-a、b;403-3-a、a1、a2、a3、a4;403-3-b、b1、b2、b3、b4、b5、b6;403-3-c、c1、c2、c3;403-3-d1;403-4-a、b、c、d;404-1;405-1-a、b、c、d、e;405-2;410-1-a、b、c;410-2-a、b、c;410-3-a、b、c、d;410-6-a、b、c、d;411-2;411-5;411-5-a、b;411-7-a;411-8-a、b;413-a、b;413-2;413-7;415-2;415-2-a、b、d、e;415-3;416-2-a、b、c、d、e、f、g、h、j、m、n;416-4-a、b、c、d、e、f、g、h、i;417-2-a、b、c、d;417-3;424-1;425-1;426-1;427-1
五		隧道工程	公路公里				
	1	洞门	座				
	2	洞身	m				
	3	明洞	m				
六		其他工程及沿线设施	公路公里	113.173	178 170 819	276 354 426	
	1	清除场地	公路公里	113.173		19 800 917	202-1-a
	2	拆除建筑物、构筑物	公路公里	113.173		94 628 775	202-3-a、b、c、d、h;423-5
	3	管理与养护设施	公路公里				
	4	安全设施	公路公里	113.173		152 178 862	600 章
	5	服务设施	公路公里				
	6	环境保护工程	处			9 745 872	
七		临时工程	公路公里	113.173	142 632 562	88 783 936	103-1-a2、b;103-2;103-3-a、b;103-4;103-5;103-6-a
八		管理、养护及服务房屋	公路公里	113.173	197 886 252	108 683 368	

续上表

项	目	工程或费用名称	单　位	工程数量	标底金额（元）	合同金额（元）	涉及细目号
	1	管理房屋	m^2				
	2	养护房屋	m^2				
	3	服务房屋	m^2			184 915 048	108 683 368
十二		建安费暂定金额	公路公里	113.173	339 637 232	398 894 414	101-1-a、b;102-1;102-2;102-3-e;102-4;102-6;102-6-a;102-7;102-8;104-1;105-1-e;106-1-a、b、c、d、e;
		第二部分　设备、工具及器具购置费	公路公里				
一		设备购置费	公路公里				
二		工具、器具购置费	公路公里				
三		办公及生活用家具购置费	公路公里				
四		购置费暂定金额	公路公里				
		第三部分　工程 建设其他费用	公路公里				
一		土地、青苗补偿及安置补助费	公路公里				
二		建设单位管理费	公路公里				
三		研究试验费	公路公里				
四		勘察设计费	公路公里				
九		建设期贷款利息	公路公里				
十		其他费用暂定金额	公路公里				
		总金额	公路公里	113.173	3 752 027 091	3 382 417 716	

编制：　　　　　　　　复核：　　　　　　　　审核：

项目总决算(分析)表

建设项目名称:京珠国道主干线安阳至新乡高速公路改扩建工程　　06 表

项	目	工程或费用名称	单　位	工程数量	决算金额(元)	涉及细目号
		第一部分　建筑安装工程费	公路公里	113.173	3 702 037 139	
一		路基工程	公路公里	113.173	829 456 595	
	1	计价土方	m^3	6 444 941.936	462 486 150	203-1-a、b、c、d;204-1-b、e、e1、e2、e3、e4、e5、e6、e7、e8、f、g、g1、h、i、j、k、l、m、m1、m2、m3、m4、m5、m6、m7、n、o、p、q、r、r1、s、s1、t、u;204-3-a、b、c、d、e、f;205-7-b
	2	计价石方	m^3			
	3	排水工程	m^3	54 218.82	21 110 700	207-1-a、b、c;207-4-c、c1;312-6;313-1-a、f;313-6;313-6-a、e;313-8-i、i1、j
	4	防护工程	m^3	106 686.57	49 297 921	207-7-a、c、d;207-8-a;208-1-a、b、c、d、e;208-2-a1、a2、a3、c、d;208-3-b、b1;/209-1-a、b、c、d、e、f、j、g;210-1-f、g;433-1-b
	5	特殊路基处理	公路公里	113.173	296 561 824	205-1-b、f、f1、i1、i2、i3、j、k、l1、m、n、o、p、q、r、s、t、u、v、w、x、y
二		路面工程	公路公里	113.173	1 321 507 507	
	1	面层	m^2	4 671 556.71	1 104 438 489	315-1-i;316-1-a
	2	基层	m^2	2 354 008.14	131 066 320	304-2-a
	3	底基层	m^2	2 093 401.62	61 777 573	303-1-a;304-1-a
	4	垫层	m^2			
	5	路缘石	m^3	235 211.696 8	24 225 126	312-1;312-4-a、d;312-5-a、b
三		桥梁、涵洞工程	公路公里	113.173	642 254 204	
	1	涵洞	m/道	52 104.44/340	71 535 568	419-1-a、b、c、d、e、f、g、h、i、j、k;420-1-a、a1、b、c、d、e、f、g、h、i、j、k、l、m、n、o、p、q、r、s、t、u、v、w、x、y、z、z1、z2、z3、z4、z5、z6、z7、z8、z9、z10、z11、z12、z13、z14、z15、z16、z17、z18、z19、z20、z21、z22、z23、z24;420-2-a、b、c、d、e、f

续上表

项	目	工程或费用名称	单　位	工程数量	决算金额(元)	涉及细目号
	2	桥梁	m/座	8 093.22/140	570 718 636	401-1;402-1-a;403-1-a、a1、b、b1、c、c1;403-2-a、a1、b、b1;403-3-a、a1、a5、b、b1、b7、c、e;403-4-a、a1、b、b1、e;404-1;405-1-b、b1、c、c1、d、e、f、g;407-1-a;410-1-a、b、c、d、e;410-2-a、a1、b、d;410-3-a、b、b1、e、e1、f;410-6-a、a1、b、b1、c、c1、d、e、f、g;410-7-a、b;411-2;411-5;411-8-a、a1、b1、b2、d;413-1-a、b、c、f;413-3-a;413-4-a、b、c、d、e、f;413-6-a、b、c;415-2;415-2-a、d、f、g1、h、i、k;415-3;415-3-a;415-4-a;416-2-a、b、c、d、e、f、g、h、i、j、k、l、m、n、o、p;416-4-f、g、h、i;417-2-a、b、c、d;424-1-a;433-1-a;434-1-e、f、g
五		隧道工程	公路公里			
	1	洞门	座			502-1/502-2/502-3/502-4
	2	明洞	m			502-5/502-7/502-8
	3	洞身	m			503-1/503-2/503-3/504-1/504-2/504-3/504-5/505-1/506-1/508-1/509-1
六		其他工程及沿线设施	公路公里	113.173	382 343 548	
	1	清除场地	公路公里	113.173	26 742 431	202-1-a、c
	2	拆除建筑物、构筑物	公路公里	113.173	123 105 369	202-3-a、b、c、h、i;423-5
	3	管理与养护设施	公路公里	113.173		
	4	安全设施	公路公里	113.173	172 922 304	602-2;602-2-a;602-9-a、b;603-2;603-2-a;603-8-a;604-1;604-2-d、e、f;605-9-a
	5	服务设施	公路公里			
	6	环境保护工程	处	1	59 573 443	702 2-b------704-3-5-b
七		临时工程	公路公里	113.173	90 154 828	103-1-a2、b、c;103-2;103-3-a、b;103-4;103-5;103-6-a;316-6-a1
八		管理、养护及服务房屋	公路公里	113.173	305 497 026	

续上表

项	目	工程或费用名称	单　位	工程数量	决算金额(元)	涉及细目号
	1	管理房屋	m^2			
	2	养护房屋	m^2			
	3	服务房屋	m^2	10 179.71	305 497 026	800-1、2、3、4、5、6、7、8、9、10、11、12、13、14、15、16、17、18、19、20、21、22、23、24、25、26、27、28
十二		其他支付	公路公里	113.173	130 823 431	101-1-a、b;102-1;102-2;102-3-e;102-4;102-6;102-6-a;102-7;102-8;104-1;105-1-e;106-1-a、b、c、d、e
十三		零星工程预留费用	公路公里	113.173		
		第二部分　设备、工具及器具购置费	公路公里	113.173	77 833 666	
一		设备购置费	公路公里	113.173	71 985 213	机电工程的监控系统、通信系统、收费系统、照明系统等
二		工具、器具购置费	公路公里	113.173	116 205	
三		办公及生活用家具购置费	公路公里	113.173	5 732 248	
		第三部分 工程 建设其他费用	公路公里	113.173	785 719 830	
一		土地、青苗补偿及安置补助费	公路公里	113.173	354 376 892	
二		建设单位管理费	公路公里	113.173	115 650 060	
三		研究试验费	公路公里	113.173	21 303 746	
四		勘察设计费	公路公里	113.173	66 426 378	
九		建设期贷款利息	公路公里	113.173	177 590 267	
		其他费用	公路公里	113.173	50 372 487	
		决算总金额	公路公里	113.173	4 565 590 635	

编制：　　　　复核：　　　　审核：

第二部分

■财务决算■

竣工财务决算说明书

京珠国道主干线安阳至新乡高速公路改扩建工程是河南省重点建设项目，是贯穿我国南北的重要公路交通大动脉，是连接河南豫北地区和豫、晋、冀、鲁四省交界的重要交通枢纽。该项目北起京港澳高速公路豫冀界收费站，途径安阳、鹤壁、新乡3个省辖市10个县区，南接新乡至郑州高速公路。该项目全长113.173公里，全线共有大小桥梁91座，涵洞通道340座，互通式和分离式立交49座，天桥1座。先后连接安林、鹤濮、济东3条高速公路，1条107国道，301、304、308等9条省道，跨越安阳河、淇河、卫河等13条河流和1条铁路。改建后路基宽度42米，路面净宽2×19米，设计行车时速120公里，采用两侧直接拼接加宽双向8车道高速公路标准。该项目概算总投资34.575亿元，项目于2008年4月28日开工建设，2010年11月1日建成通车。

一、项目立项及概算批复情况

2005年3月，国家环境保护总局以环审〔2005〕253号文批复了京珠国道主干线安阳至新乡高速公路改扩建工程环境影响报告。

2005年9月，中华人民共和国水利部以水保函〔2005〕354号文批复了京珠国道主干线安阳至新乡高速公路改扩建工程水土保持方案。

2005年10月，国家发展和改革委员会以发改交运〔2005〕2072号文批复了京珠国道主干线安阳至新乡公路改扩建工程工程可行性研究报告。

2007年10月，中华人民共和国交通部以交公路发〔2007〕568号文批复了京珠国道主干线安阳至新乡公路改扩建工程的初步设计，并核定概算总投资34.575亿元。

2008年3月，中华人民共和国国土资源部以国土资函〔2008〕166号文批复了京珠国道主干线安阳至新乡高速公路改扩建工程安阳至新乡段工程建设用地。

2008年5月，中华人民共和国交通运输部批复了京珠国道主干线安阳至新乡高速公路改扩建工程开工报告。

2008年5月，河南省交通运输厅以豫交计〔2008〕92号文件批复了京珠国道主干线安阳至新乡高速公路改扩建工程施工图设计。

2010年8月，河南省交通运输厅以豫交规划〔2010〕272号文批复了京珠国道主干线安阳至新乡高速公路改扩建工程绿化施工图设计。

2010年8月，河南省交通运输厅以豫交规划〔2010〕274号文批复了京珠国道主干线安阳至新乡高速公路改扩建工程机电工程详细设计、供配电照明工程施工图设计。

2010 年 5 月,河南省交通运输厅以豫交规划〔2010〕148 号文件批复了京珠国道主干线安阳至新乡高速公路旧路改造工程施工图设计,批复预算为 91 575 万元。

2010 年 9 月,河南省发展和改革委员会以豫发改基础〔2010〕1471 号文件批复了京港澳高速公路安阳服务区改扩建工程项目申请报告,批复项目估算总投资 13 479 万元。

2011 年 7 月,河南省交通运输厅以豫交规划〔2011〕161 号文件批复了京港澳高速公路安阳服务区改扩建工程施工图设计,核定该项目施工图预算为 14 068 万元。

2010 年 9 月,河南省发展和改革委员会以豫发改基础〔2010〕1470 号文件批复了京港澳高速公路鹤壁服务区改扩建工程项目申请报告,批复项目估算总投资 13 804 万元。

2011 年 7 月,河南省交通运输厅以豫交规划〔2011〕163 号文件批复了京港澳高速公路鹤壁服务区改扩建工程施工图设计,核定该项目施工图预算为 14 465 万元。

二、项目部的成立及机构设置

2004 年 2 月 27 日,河南高速公路发展有限责任公司以豫高司工〔2004〕745 号文批复成立河南高速公路发展有限责任公司安新改建工程项目部(以下简称项目部)。项目部 2004 年 7 月开始筹建,正式成立于 2005 年 9 月 21 日,注册地为新乡市金穗大道东段,注册号为 410700300003615,经营范围:高速公路、特大型独立桥梁等交通基础设施的投资、经营与管理;高速公路养护;实物及设备租赁与维修;技术服务;咨询服务。

项目部机构设置按照高发公司对机构设置和人员定编的要求,分设综合处、财务处、合同处、工程处、质监处、保通处六个职能部门,分别负责项目的综合业务、内外环境协调、计划合同管理、财务管理、资金管理、工程技术、质量监管等项工作。

三、资金来源及资金到位情况

2005 年 128 000 000.00 元(其中项目资本 128 000 000.00 元,银行贷款 0.00 元),2006 年 150 000 000.00 元(其中项目资本金 0.00 元,银行贷款 150 000 000.00 元),2007 年90 000 000.00 元(其中项目资本 40 000 000.00 元,银行贷款 50 000 000.00 元),2008 年1 093 580 000.00元(其中项目资本 733 580 000.00 元,银行贷款 360 000 000.00 元)。2009 年 680 000 000.00 元(其中项目资本公积 130 000 000.00 元,银行贷款 550 000 000.00 元)。2010 年 1 308 070 000.00 元(其中项目资本金 272 070 000.00 元,银行贷款 1 036 000 000.00 元)。2011 年 511 500 000.00 元(其中项目资本金 140 000 000.00 元,银行贷款371 500 000.00 元)。2012 年 190 500 000.00 元(其中项目资本金 0.00 元,银行贷款190 500 000.00 元)。2013 年 151 500 000.00 元(其中项目资本金 0.00 元,银行贷款 151 500 000.00 元)。2014 年 80 000 000.00 元(其中项目资本金 0.00 元,银行贷款 80 000 000.00 元)。2015 年 79 845 200.00 元(其中项目资本金 43 445 200.00 元,银行贷款 36 400 000.00 元)。2016 年 1-2 月 48 000 200.00 元(其中项目资本金 26 400 200.00 元,银行贷款 21 600 000.00 元)。

四、土地征迁情况

(一)征地审批情况

京珠国道主干线安阳至新乡高速公路改扩建工程土地审批情况:国土资函〔2008〕166 号文共批复建设用地318.328 7公顷。

(二)实际征地情况

本项目实际征地面积318.328 9公顷。具体情况见下表。

序号	土地使用证号	土地面积		使用权类型	发证日期
		m^2	亩		
1	鹤国用(2013)第0176号	12 450.743	18.68	作价出资	2013年9月18日
2	鹤国用(2013)第0177号	14 600.144	21.9	作价出资	2013年9月18日
3	鹤国用(2013)第0178号	14 042.582	21.06	作价出资	2013年9月18日
4	鹤国用(2013)第0179号	89 934.261	134.9	作价出资	2013年9月18日
5	鹤国用(2013)第0180号	70 705.911	106.06	作价出资	2013年9月18日
6	鹤国用(2013)第0181号	66 219.317	99.33	作价出资	2013年9月18日
7	鹤国用(2013)第0182号	3 667.351	5.5	作价出资	2013年9月18日
8	鹤国用(2013)第0183号	63 895.615	95.84	作价出资	2013年9月18日
9	鹤国用(2013)第0184号	9 910.936	14.87	作价出资	2013年9月18日
10	鹤国用(2013)第0185号	16 070.236	24.11	作价出资	2013年9月18日
11	鹤国用(2013)第0186号	31 163.465	46.74	作价出资	2013年9月18日
12	鹤国用(2013)第0187号	36 432.159	54.65	作价出资	2013年9月18日
13	未办理	160 000.8	240	划拨、经营性用地	
14	未办理	483 423.417	725.131 5	划拨	
15	安国用(51)第1175(一)号	1 177 415	1 766.11		2013年9月11日
16	安国用(51)第1366号	107 661.1	330	划拨	2013年9月11日
17	安国用(51)第1367号	113 907.92	15.164	划拨	2013年9月11日
18	安国用(51)第1326号	3 288.53	4.933	经营性	2012年4月24日
19	安国用(51)第1327号	977.25	1.466	经营性	2012年4月24日
20	安国用(51)第1328号	3 288.53	4.933	经营性	2012年4月24日
21	安国用(51)第1329号	977.22	1.466	经营性	2012年4月24日
22	新国用(2013)第020110号	9 291.2	13.93	作价出资	2013年9月16日
23	新国用(2013)第020106号	8 180.6	12.27	作价出资	2013年9月16日
24	新国用(2013)第020105号	649.1	0.97	作价出资	2013年9月16日
25	新国用(2013)第020109号	2 178.9	3.27	作价出资	2013年9月16日
26	新国用(2013)第020111号	524.8	0.787	作价出资	2013年9月16日
27	新国用(2013)第020107号	2 483	3.72	作价出资	2013年9月16日
28	新国用(2013)第020108号	2 507.7	3.76	作价出资	2013年9月16日
29	卫国用(2013土)第20550A号	57 280	85.92	作价出资	2013年9月20日
30	卫国用(2013土)第20551号	49 363	74.04	作价出资	2013年9月20日
31	卫国用(2013土)第20552号	112 701	169.05	作价出资	2013年9月20日
32	卫国用(2013土)第20553号	109 815	164.72	作价出资	2013年9月20日
33	卫国用(2013土)第20554号	380	0.57	作价出资	2013年9月20日
34	卫国用(2013土)第20555号	60 817	91.225	作价出资	2013年9月20日
35	卫国用(2013土)第20556号	47 584	71.376	作价出资	2013年9月20日
36	卫国用(2013土)第20557号	105 572	158.357	作价出资	2013年9月20日
37	卫国用(2013土)第20558号	110 813	166.219	作价出资	2013年9月20日

续上表

序号	土地使用证号	土地面积		使用权类型	发证日期
		m^2	亩		
38	卫国用(2013土)第20559号	1 819	2.73	作价出资	2013年9月20日
39	卫国用(2013土)第20560号	21 298	31.947	作价出资	2013年9月20日
合计		3 183 289.787	4 787.704 5		

征地拆迁共支付35 437.69万元。

五、主要工程技术标准

本项目设计采用交通部颁布的《公路工程技术标准》JTG B01—2003,全线采用双向八车道高速公路技术标准设计。其主要控制技术指标见下表。

序　号	指标内容	单　　位	指　　标
1	公路等级		双向八车道高速公路
2	计算行车速度	km/h	120
3	路基宽度	m	42
4	行车道宽度	m	2×4×3.75
5	中央分隔带宽度	m	3
6	硬路肩	m	2×3
7	土路肩	m	2×0.75
8	涵洞、通道宽度		与路基同宽
9	路面结构		沥青混凝土
10	桥面净宽	m	2×19
11	桥梁设计荷载		公路-I级
12	出入口控制		全控
13	桥梁设计洪水频率		1/100,特大桥1/300

六、工程招投标情况

本项目具体招标情况为:设计单位3个,监理单位2个,施工单位51个,其中土建18个标段、路面7个标段、护栏5个标段、标志2个标段、标线5个标段、旧路改造工程5个标段、绿化2个标段、机电1个标段、房建工程6个标段。

1.主要中标设计单位见下表。

合　同　段	设计单位
第一合同段	中交第一公路勘察设计研究院有限公司
第二合同段	河南省交通规划勘察设计院有限责任公司
AXGZSJ-1	江苏省交通科学研究院股份有限公司

2.主要中标监理单位见下表。

合　同　段	监理单位
A合同段	河南省中原公路工程监理有限公司
B合同段	北京华通公路桥梁监理咨询公司

3.主要中标施工单位见下表。

标　　段	施工单位	
土建 No.1 标	北京城建道桥工程有限公司	
土建 No.2 标	中交第一公路工程局有限公司	
土建 No.3 标	中交第三公路工程局有限公司	
土建 No.4 标	中铁十一局集团有限公司	
土建 No.5 标	无锡市交通工程有限公司	
土建 No.6 标	中铁四局集团有限公司	
土建 No.7 标	中铁十五局集团第一工程有限公司	
土建 No.8 标	中铁五局集团第一工程有限责任公司	
土建 No.9 标	中铁十五局集团第五工程有限公司	
土建 No.10 标	路桥集团国际建设股份有限公司	
土建 No.11 标	中铁十一局集团第一工程有限公司	
土建 No.12 标	河南省公路工程局集团有限公司	
土建 No.13 标	中交一公局第六工程有限公司	
土建 No.14 标	河南省公路工程局集团有限公司	
土建 No.15 标	中铁九局集团有限公司	
土建 No.16 标	路桥华东工程有限公司	
土建 No.17 标	中铁十局集团有限公司	
土建 No.18 标	中交一公局第六工程有限公司	
路面 No.19 标	路桥华祥国际工程有限公司	
路面 No.20 标	中交第四公路工程局有限公司	
路面 No.21 标	中国凯瑞国际经济技术合作有限公司	
路面 No.22 标	枣庄市道桥工程有限公司	
路面 No.23 标	河南省公路工程局集团有限公司	
路面 No.24 标	河南路桥建设集团有限公司	
路面 No.25 标	河南省公路工程局集团有限公司	
标志 AXBZ-1 标	江苏博纳华交通科技有限公司	
标志 AXBZ-2 标	周口市公路交通设施有限公司	
标线 AXBX-1 标	河南富昌道路设施有限公司	
标线 AXBX-2 标	开封市通达公路工程有限公司	
标线 AXBX-3 标	安徽恒通交通工程有限公司	
标线 AXBX-4 标	天津华安公路交通工程有限公司	
标线 AXBX-5 标	天津华安公路交通工程有限公司	
护栏 AXHL-1	山西长达交通设施有限公司	
护栏 AXHL-2	河南省新乡六通实业有限公司	
护栏 AXHL-3	潍坊东方交通设施工程有限公司	

续上表

标　段	施工单位	
护栏 AXHL-4	天津华安公路交通工程有限公司	
护栏 AXHL-5	山东富博交通设施有限公司	
绿化 AXLH-1 标	河南万绿园林绿化工程有限公司	
绿化 AXLH-2 标	河南林峰园林绿化工程有限公司	
机电 AXJD-1 标	河南中天高新智能科技开发有限责任公司	
旧路改造 AXGZ-1 标	安徽水利开发股份有限公司	
旧路改造 AXGZ-2 标	上海先为土木工程有限公司	
旧路改造 AXGZ-3 标	上海久坚加固工程有限公司	
旧路改造 AXGZ-4 标	北京特希达科技有限公司	
旧路改造 AXGZ-5 标	中交三公局桥梁隧道工程有限公司	
AXFWQ1	北京城建二建设工程有限公司	
AXFWQ2	河南水利建筑工程有限公司	
AXFWQ3	河南省大河筑路有限公司	
AXFWQ4	中原油田建设集团公司	
AXFWQZS1	山东雄狮建筑装饰工程有限公司	
AXFWQZS2	河南华盛建设集团有限公司	

七、项目的组织和管理

按照交通运输部基本建设程序的规定，项目部按照法定程序完成了本项目土建、路面、护栏、标志、标线、绿化、机电等工程的施工招标、监理招标等工作，在前期准备工作基本就绪的前提条件下，项目部逐级上报了公路建设项目开工报告申请，中华人民共和国交通运输部同意本项目工程开工建设，项目部主要开展了以下工作。

（一）创新管理模式，极大提升了项目建设综合效能

京珠国道主干线安阳至新乡高速公路改扩建工程开工以来，围绕强化队伍管理，提高工程建设质量，积极探索高速公路建设和管理的新路子，在项目建设中提出了争创“十无”目标，即：安全无事故、质量无缺陷、进度无延期、环境无污染、廉政无案件、管理无漏洞、企业无违规、办公无杂乱、职工无抱怨、施工无投诉；对项目部和监理单位提出了“十字”工作准则，即：监督、检查、协调、指导、服务。

项目建设过种中，项目部严格执行国家基本建设程序，遵守国家各项法律法规、规章制度，建立健全内部组织机构，并选调政治素质、业务素质等方面过硬的专业技术人员，明确其任务职责和工作标准，在人员少、任务重的情况下积极、稳妥地开展各项工作。沿线市政府以及沿线县政府对本项目给予了高度重视，项目沿线分别成立相应的项目协调指挥部。上述机构的成立以及项目部有序、规范、高效地运作，为本项目按时、保质、保量地顺利建成，提供了强有力的组织保证。

（二）严格工程投资控制、加强建设资金监督管理

建设工程招投标制度是建设单位控制工程造价的高效手段，我单位依据《中华人民共和国招投标法》及《河南省高速公路发展有限责任公司招标评标实施细则》要求公开招标。编

制严密、准确的招标文件，采用有限低价评标法等选择合适的施工单位，签定严密的施工承包合同，从而有效地控制工程造价。

为严格资金管理，项目部根据《国有建设单位会计制度》和财政部《基本建设财务管理规定》等相关的财经法规制度，制定了《财务报销制度》、《现金使用范围》、《管理费用日常报销程序》，搞好会计核算和财务管理。为防止承包商截留、挤占和挪用建设资金，提高投资效益，项目部制定了《京珠国道主干线安阳至新乡高速公路改扩建工程建设项目资金管理办法》，纳入项目部与监理单位、施工单位签订的合同协议书中，确保建设资金的专款专用。

同时，为了保证工程资金的及时供应，项目部在计量支付方面制定了《计量与支付细则》和《计量支付管理办法》，按照各标段的计量情况来控制资金的拨付，这样既可以保证正常的资金供应，又可避免施工单位挪用、转移工程款。同时坚持计量与支付三级审查制度，在施工中严格执行包括施工单位自检、驻地监理抽检、总监办中心实验室抽查的三级质量控制体系。采用先进的检测设备，严格的检测方法，对施工全过程实施质量监督，发现问题及时解决，对不合格的工程必须返工，直至监理工程师认可，杜绝质量隐患。承包商完成某项工程或工程量清单中某一项，首先由承包商按合同要求整理中期计量资料，向驻地监理工程师提出报验申请，经驻地监理验收合格签字后，方可申报本项目计量。监理代表处计量工程师对该部分工程抽检和审查，确认工程质量、数量无误后，正式开据工程支付证书。最后由项目部各有关处室(工程技术处，计划合同处，财务处，副总经理，总经理)对计量进行核对复审，才能办理支付。计量程序化、支付制度化，防范提前或重复计量，充分保证施工进度。

(三)工程质量控制管理

为了加强质量管理，确保项目总体质量目标的顺利实现，项目部从内部和外部两方面着手，采取一系列措施，严把工程质量关，确保工程质量。在过程中狠抓落实，确保实现优良工程目标。

1 项目部与各监理单位、施工单位签订目标责任书，明确工程质量目标：即“分项工程实体质量合格率达到100%；确保实体工程质量优良率达到100%”；

2.建立健全施工单位“质量自控体系”，即要求监理单位、施工单位建立完善的质量保证体系，并保证其有效运行。试验室资质必须满足省厅质检站要求，满足工地试验需要；项目经理、总工程师等主要人员的资质和资历要求满足招标文件和施工要求，总质检工程师和各分项工程质检工程师必须独立，不得兼职，并拥有“质量一票否决权”；

3.严格“五检测制度”。即自检：施工班自检，工班长在每日下班必须对当日完成的工作质量进行检查，做好记录，工后讲评，对于不合格的工序不得交接，返工合格后才能交接。互检：不同施工班组进行相互检查，及时发现问题，进行经验交流，取长补短，提高工作质量。交接检：上道工序与下道工序交接时必须进行相互检查，对不合格的工序不交接，更不得进入下道工序施工，并且限期整改，直至合格才能下道工序施工。试验室抽检：对于“自检、互检、交接检”合格的工序试验室必须按照规范规定的抽检频率进行现场抽检，严格按照试验操作规程进行试验，发现不合格的工序和问题及时进行纠正或返工，直至合格后才能进入下道工序施工。监理工程师抽检：施工单位的每道工序完成自检后，有质检工程师签认，填写报验通知单，通知监理工程师按照规范规定的抽检频率进行抽检，合格后才能进入下道工序施工，否则返工处理，直至合格。对于已经完工的实体质量，经常进行“拉网式”质量检查，发现质量问题，坚决推倒重来，决不留下质量隐患，力争一流工程；

4.强化三控，即“事前控制、事中控制、事后控制”。强化“事前控制”就是要加强源头管理，严把材料进场关，杜绝不合格材料进场，同时做好技术交底和技术培训，准备“工、料、机”进场，各分项工程开工前承包商必须报监理工程师批准，未经批准不准开工。抓好“事中控制”就是要加强施工过程控制，把好施工现场管理关，关键工序或隐蔽工程施工中，必须有监理工程师全过程旁站监督。每道工序完成后，由承包商自检，自检不合格，自行返工或者补救，自检合格后，填写工程质量检验单，通知驻地监理检验，监理检验不合格工序，必须补救返工，合格后才能进行下道工序施工。严格“事后控制”就是生产出的成品或半成品最终必须经过质量验收，未经监理工程师检验并且签认合格的工程，一律不予计量支付。

5.沥青路面质量和平整度控制：为了保证路面结构层质量，切实提高路面平整度，项目部成立了路面质量及平整度控制领导小组，并建立质量控制组织机构，坚决贯彻执行省交通厅《关于进一步提高路面平整度质量的通知》精神，下发《各处室联系督导各路面施工单位路面平整度的通知》至各施工单位，把平整度指标层层分解到人，同时要求各路面单位必须树立强烈的质量意识、品牌意识，建立健全组织体系、完善科学的管理手段和有力的措施保证，并要加强原材料配合比控制，有效地控制基层收缩裂缝的安全，路面平整度要从基层抓起，加强摊铺、碾压工艺控制。项目部进一步加强对平整度的督导，及时了解和掌握对应标段平整度的控制动态，采取相应措施改善提高平整度，满足省厅要求。

（四）合同管理

项目部具有完善、规范化的合同管理能力，依据交通部运输颁的有关规定和相关条款制定了京珠国道主干线安阳至新乡高速公路改扩建工程合同要求及施工规范，合同中明确双方的权利、义务以及责任，使工程项目的执行有据可依，有章可循。具体为：

1.与沿线各县、区人民政府或协调领导小组办公室签订的公路用地征地拆迁协议，规定了公路建设用地征拆的时间、任务、费用等内容。

2.与监理单位签订的工程监理服务合同，规定监理单位有义务就工程进度、质量和投资对业主负责，制定监理人员岗位责任制和廉洁奉公制度，派驻地监理旁站监督，计量监理工程师严格复核计算把关，监理代表处制定计量支付会审制度，客观公正，坚持原则。

3.与中标人签订工程施工合同文件，规定承包商必须按照施工规范和程序施工，人员、设备必须按时到位，全面执行合同。项目部工程处、合同处、质监处严把工程计量和工程质量关，对监理工作、施工单位施工管理再监督，同时，开展“文明施工，创优质工程”活动。

4.与各参建单位（监理单位、施工单位）签定目标责任书，是项目部日常管理的一项重大举措。此项措施克服了过去公路建设中“前松后紧，后期赶工”的不利现象，经过认真研究工程实际，将工程任务分解为多个节点目标，科学合理地抓进度，体现了项目部施工组织的连续性，协调性，均衡性，同时也保证了工程的建设质量。

5.在工程计量支付及管理方面严格合同管理，制定了《计量与支付细则》、《计量与支付管理办法》。始终坚持服务为上随到随处理的原则，准确进行工程计量，及时快速地支持了各施工单位资金合理运转，为工程的顺利开展创造了有利条件。率先引进了方便、高效、实用的计量支付软件，既审批快速，又有效地杜绝了手工计量时最容易出现的漏计、重计现象的发生，保证了计量的准确性。

6.及时、透明确定变更单价。对于变更工程项目或新增项目单价的确定，密切注意市场行情，深入施工现场，收集和掌握施工有关资料，认真分析，采用了公开透明方式集体研究确定并按上级单位有关规定进行上报并批复。

7.建设过程中进行跟踪审计，及时发现问题，解决问题，对项目建设的每一个环节进行审计监督,可以起到事前、事中、事后监督并举,注重事前、事中监督,以事后监督推动事前、事中监督,可以及时发现工程、财务管理中存在的问题并加以整改,有效防范风险,强化并提高了项目建设管理水平。

(五)安全生产、文明施工管理

为加强标准化现场管理,提高施工现场技术人员的管理水平,本着建设标准规范化的安全施工环境为目的。以国家和地方现有的有关法律、法规、技术规范和标准为依据,以“安全第一,预防为主”为原则,结合项目部的标准要求,制定安全文明管理施工方案,确保无伤亡安全责任事故发生。

1.严格遵守和执行国家有关安全生产的法律法规以及国家建设部、交通部颁发的有关安全生产的规范和标准。

2.建立健全安全生产责任制,切实做到“安全才能生产,生产必须安全”,定期进行安全应急预案演练,避免重大安全生产事故的发生。

3.要求安全生产“三类人员”必须接受安全技术教育,熟知和遵守本工种的各项安全技术操作规程,定期或者不定期进行安全技术考核,合格者方准上岗操作。

4.所有施工机具设备和高空作业设备都进行定期检查,保证其经常处于完好状态。

5.对于易燃易爆的材料除要求专门妥善保管之外,还必须配备有足够的消防设施,相关人员都要求进行消防设备性能和使用方法的培训。

6.在影响交通或者公共安全的现场,要求必须设立醒目的安全标志,夜晚有灯光照明。

7.明确划分施工单位各人员的责任制,使其在施工过程中履行自己的责任和义务。项目经理是安全第一责任人,负责安全生产的直接责任。施工单位必须按照现场施工环境,配备具有经验的相应安全员人数。并定期有上属部门对其进行考核。

8.制定严格的安全技术操作规程,由施工单位安全员和富有经验的施工管理人员对各班组人员定期进行安全技术上的教育培训。

9.项目部安全领导小组时刻对施工单位进行远程控制,定期对施工单位进行检查,对不符合要求的施工部位(方案)提出整改要求。

10.安全管理目标:工亡事故为零,无重伤,千人负伤率≤0.3‰;杜绝重大火灾和机械伤亡事故;职业发病率为零;防止环境污染(噪声、尘毒、三废)达标率100%;特种作业人员持证上岗率100%;对新开工项目的施工人员进行安全三级教育培训工作达到100%;对新开工的施工劳动人员意外伤害保险办理达到100%。

八、主要设计变更情况

(一)土建工程

1.根据《基本农田保护条例》的规定,严禁在基本农田进行取土,因此各施工单位结合实际情况对原取土方案进行调整,远运砂砾土;清表后路基基底湿软需换填砂砾土等,以上相应增加借方增运费用。

2.为了路基边坡的稳定性及有利于进行植草防护,路基两侧各加宽50㎝。

3.全线设计标高的调整,需加厚混凝土搭板;新老搭板存在角度差别,用混凝土填筑新老搭板之间的坑槽;部分标段明涵(明通道)搭板设计宽度不足,不能与老搭板衔接,将新搭板延伸至老搭板。

4.路床第四层填料由6%石灰土变更为4%水泥稳定砂砾土等。

5.老路硬路肩铣刨。

6.部分桥梁墙式护栏由现浇变更为现浇+预制新型墙式护栏。

7.路基两侧刺铁丝隔离栅采用 GRC 立柱新型材料。

8.增设声屏障。

9.增设通道雨棚。

10.土建一期施工单位增加纵向保通费。

11.小件预制创优。

12.增加桥头固化、绿化工程。

13.浚县互通区匝道、三角区主线改造

14.老桥边板更换。

15.开挖台阶后湿软,用灰土处理或砂砾土处理。

(二)路面工程

1.为保证桥面与正常路段平稳顺接,增加桥面调平层。

2.增设彩色警示防滑路面。

(三)交安工程

1.桥头波形梁钢护栏由普通型变更为加强型。

2.按照河南省标改办要求,沿线部分标志进行了新增、更改、更换等。

(四)绿化工程

根据鹤壁市人民政府要求,为进一步丰富城市景观,提升城市品位,增加淇滨互通区内景观绿化;根据安阳市绿化委员会、安阳市交通运输局及安阳市高速公路建设指挥部要求,增加安阳站区绿化、安阳站出入口绿化及安阳互通立交区绿化等;根据服务区管理分公司要求,提高了服务区内绿化标准。

(五)旧路改造工程

增加旧桥梁板底勾缝。

(六)服务区工程

根据省交通运输厅及省公司要求,进一步深化设计了综合楼装饰工程等;根据服务区现场地质勘查情况,增加了砂砾土地基土工程,变更了路面及基层结构形式及厚度等;根据服务区管理分公司要求,提高了服务区设施标准等。

九、主要工程量

本项目设计路线全长 113.173km,实际完成 113.173km,共完成路基土石方 644.494 2 万 m^3。全线设有特大桥 1 305.28m/1 座,大桥 2 840.38m/14 座,中、小桥 2 000.08m/76 座,;分离式立交桥 42 座;互通立交 7 处,主线通道 163 道,涵洞 177 道;人行天桥 1 处;桥梁顶升 840 孔,桥梁更换支座 36 536 个。

安阳服务区总建筑面积13 183m^2,其中综合楼8 179m^2(新建3 500m^2,旧楼改造4 679 m^2),新建职工宿舍楼2 988m^2,加油站、维修车间、配电房等附属用房建筑面积共2 016m^2;道路及停车区面积为120 289m^2,绿化面积为77 592m^2。

鹤壁服务区总建筑面积14 643.1m^2,扩建综合楼建筑面积4 012.54m^2,改造综合楼 5 277.44m^2。新建宿舍楼一座,含职工宿舍、餐厅等,建筑面积共3 225m^2。新建货车服务中心两侧各一座,共598.08m^2,综合机房共 614m^2、维修车库共 648m^2、加油站共268.04m^2,道路停车场、广场面积129 220m^2;绿化面积52 679.62m^2。

十、交工验收与工程质量评价

根据《公路工程竣(交)工验收办法》和《关于贯彻公路工程交竣工验收办法有关事宜的通知》按照《公路工程质量检验评定标准》的规定,2010 年 10 月 26 日河南省交通基本建设质量检测监督站出具了质量检测报告,认为本项目设计完善、合理、质量控制体系完备、有效,运转良好,施工质量控制良好,工程总评质量合格。

安阳服务区改扩建工程、鹤壁服务区改扩建工程整体工程质量合格。

十一、预留费用

1.预留待摊投资

预留待摊投资作为截止竣工决算日预留的费用,竣工决算表中列作待摊投资的各项费用,共包括 19 项内容,共计 18 855 150.00 元,目前已使用 2 918 252.13 元,剩余预留费用 15 936 897.87元,具体见下表。

序号	科 目 全 称	人数	标准(元/年·人)	时间(年)	预留费用(元)	已使用(元)	剩余预留费用(元)
1	职工工资	9	75 000.00	2	1 350 000.00		1 350 000.00
2	职工保险	9	30 000.00	2	540 000.00		540 000.00
3	劳保费	9	1 800.00	2	32 400.00		32 400.00
4	福利费	9	1 000.00	2	18 000.00		18 000.00
5	工会经费	9	1 500.00	2	27 000.00		27 000.00
6	教育经费	9	1 875.00	2	33 750.00		33 750.00
7	办公费			2	240 000.00		240 000.00
8	通讯费	9	3 000.00	2	54 000.00		54 000.00
9	差旅费			2	60 000.00		60 000.00
10	会议费			2	200 000.00		200 000.00
11	招待费			2	180 000.00		180 000.00
12	车辆使用费			2	360 000.00		360 000.00
13	房屋租赁费			2	470 000.00		470 000.00
14	咨询费			2	20 000.00		20 000.00
15	审计费				5 500 000.00	2 918 252.13	2 581 747.87
16	鹤壁服务区划拨转出让费	15 亩	40 万元/亩		6 000 000.00		6 000 000.00
17	鹤壁服务区办土地证费				100 000.00		100 000.00
18	鹤壁服务区消防验收费				100 000.00		100 000.00
19	安阳南站新增土地费用	21 亩	17 万元/亩		3 570 000.00		3 570 000.00
合计					18 855 150.00	2 918 252.13	15 936 897.87

2.预留工程费用

预留工程费用共计 2 项,金额合计 6 000 000.00 元。目前已使用 2 153 608.70 元,剩余预留费用 3 846 391.30 元,具体见下表。

序号	科目全称	预留费用(元)	已使用(元)	剩余预留费用(元)
1	不可预见费	3 000 000.00		3 000 000.00
2	不可预见费	3 000 000.00	2 153 608.70	846 391.30
合计		6 000 000.00	2 153 608.70	3.846 391.30

十二、工程概算执行情况

(一)决算截至日期:2016 年 2 月 29 日。

(二)2007 年 10 月,交通部以交公路发〔2007〕568 号文批复了关于京珠国道主干线安阳至新乡公路改扩建工程的初步设计,并核定概算总投资 34.575 亿元。

(三)本项目概算 4 658 578 196.00 元,每公里造价 41 163 335.74 元;本项目决算 4 565 590 630.53元,每公里40 341 694.84元,每公里节约概算821 640.90元,决算总金额节约概算92 987 565.47元。

1.建筑安装工程费概算3 861 929 571.00元,每公里34 124 124.76元;建筑安装工程费决算3 701 260 457.13元,每公里32 704 447.68元,每公里节约概算1 419 677.08元;建筑安装工程费决算金额节约概算160 669 113.87元。主要情况如下:

(1)路基概算711 518 901.00元,每公里6 388 788.44元;路基决算969 896 778.98元,每公里 8 570 036.84 元;决算每公里超概算 2 181 248.40 元,路基决算金额超概算 246 858 424.98元。

(2)路面概算1 258 381 488.00元,每公里11 119 096.32元;决算1 429 669 498.70元,每公里 12 632 602.29 元;决算每公里比概算多 1 513 505.97 元,路面决算金额超概算 171 288 010.70元。

(3)桥梁、涵洞概算 880 031 433.00 元,决算 749 564 259.56 元,决算节约概算 130 467 173.44元。

(4)其他工程及沿线设施概算462 921 638.00元,决算242 966 615.89元,决算节约概算 219 955 022.11元。

2.设备及工具器具购置费概算 36 692 029.00 元,决算 78 639 107.95 元,决算超概算 41 947 078.95元。

3.工程建设其他费用概算 759 956 596.00 元,决算 785 691 079.88 元,决算超概算 25 734 483.88元。

十三、会计账务处理、财产物资清理及债权债务的清偿情况

本项目编制竣工决算报表基准日为:2016 年 2 月 29 日。

根据交财发〔2000〕207 号《交通基本建设项目竣工决算报告编制办法》及有关法律法规,我们组织专门人员组成京珠国道主干线安阳至新乡高速公路改扩建工程工程竣工决算组,进行了财务决算编制。共分为两个阶段进行:准备工作主要包括认真做好各项账务、物资、财产、债权债务、投资资金到位情况的清理工作,做到工完料清,账实相符;各种材料物资、设备、施工机械等逐项清点核实,妥善保管,按国家规定处理,不准任意侵占挪用;实施编制工作做到有的放矢,首先建立逐级审核制度,做到数字准确,内容完整、真实,在实施编制工作中,把工程决算与财务决算相互结合,以中介机构审定的工程决算为基础调整财务会计处理,以财务决算为基础审查、核对工程竣工决算。

(一)财产物资清查

依照决算编制要求，编制人员采用盘点、核对的方法对基本建设形成所有交付使用资产进行数量、价值清查核对，清查结果具体如下：

1.现金　　22 146.39 元；

2.银行存款　　12 289 487.82元；

3.其他应收款　　64 720 205.19元；

4.在建工程　　4 565 561 880.53元；

5.固定资产　　19 660 193.00元；

6.无形资产　　4 372 201.00元；

7.应付账款　　57 726 713.12元；

8.应付职工薪酬　　365 345.57元；

9.其他应付款　　41 976 539.74元；

10.应交税费　　366.01元；

11.应付利息　　55 469 069.49元；

12.短期借款　　160 000 000.00元；

13.长期借款　　2 438 000 000.00元；

14.应付债券　　399 500 000.00元；

15.长期应付款　　92 880.00元；

16.资本公积　　384 000 000.00元；

17.总部拨付资金　　1 112 450 000.00元；

18.其他权益工具　　17 045 200.00元。

经核对，以上账账相符、账实相符，有关数量、价值明细详见本项目竣工决算报表。

（二）主要会计事项处理原则

基本建设会计是正确核算基本建设项目筹资投入、支出、结余的重要工作，亦是进行竣工决算的基础。高速公路基本建设项目建设成本包括建筑安装工程投资支出、设备投资支出、待摊投资支出和其他投资支出。

建筑安装工程投资支出指建设单位按项目概算内容发生的建筑工程和安装工程的实际成本。不包括被安装设备本身的价值以及按照合同规定支付给施工企业的预付备料款和预付工程款。

设备投资支出是按概预算项目内容发生的各种设备的实际成本，包括需安装设备、不需安装设备和为生产准备的不够固定资产标准的工具、器具，需要安装设备价值不含计入建筑安装工程投资中的设备基础、支架及为设备而开挖池、沟道等，设备投资支出直接形成设备价值。

待摊投资支出是按概预算项目内容发生的，按照规定应当分摊计入交付使用资产价值的各项费用，依据实际发生的与项目有关费用和控制标准，将合理待摊投资分摊计入交付使用资产间接成本和无形资产成本，不合理待摊投资按照规定进行处理。

其他投资支出是按概预算内容发生的构成基本建设实际支出的在建设期间使用的房屋和办公生活用家具、器具及取得无形资产和递延资产发生的支出，在决算编制时根据其实际情况转入交付使用资产或转出、转销处理。

基于以上会计处理确认原则，决算编制中，我们根据具体情况进行会计处理：

1.在审定的工程造价决算基础上，编制人员依照上述确认原则，对建筑安装投资支出账户进行确认。

2.依照确认的交付使用资产,从名称、规格、型号、数量、单价、金额进行量化处理,结转相应会计科目(会计账按计量支付凭证设置三级科目,如100章费用、额外工程等按归属项目结转分摊),使之与交付使用资产量化内容相符。

3.计算分摊待摊投资,归集形成交付使用资产;待摊投资按照某一单项工程如路基、路面等投资额占全部投资的比例分摊到单项工程上,不计入固定资产价值的支出不分摊待摊投资。这里需说明的是根据设备投资具体情况,对需要安装设备进行了待摊投资分摊,不需要安装的设备不进行待摊投资分摊,如车辆、计算机等;无形资产-土地使用权,在计算交付使用资产价值时已将应归属的费用全部计入,因此,不再分摊待摊投资。各项资产经分摊后直接成本加应分摊待摊投资形成交付使用资产竣工决算值,填入报表中,有关会计处理列示如下:

(1)路基:路基作为单项工程,决算形成交付使用资产-路基,下设明细项:土方工程、石方工程、填方压实、纵向排水工程、防护工程、特殊地基处理。依照会计账户-"建筑安装投资支出"与审定的路基汇总数字核对无误后,转入"交付使用资产-路基";将待摊投资账户计算应分摊到路基的"待摊投资"转入"交付使用资产-路基",依照总值记入"交付使用资产总表"中"路基"。按明细项分摊路基待摊投资,分别形成路基明细项决算数值,记入"交付使用资产-路基明细项",最后形成"交付使用资产-路基"决算值,明细项汇总与总项相符。

(2)路面:路面作为单项工程,决算形成"交付使用资产-路面",下设明细项:底基层、基层、封层、沥青混凝土面层、其他路面工程、水泥混凝土路面,其决算会计处理与路基相同,不再赘述。

(3)桥梁、涵洞:桥梁、涵洞作为单项工程,决算形成"交付使用资产-桥梁、涵洞",其决算会计处理与路基相同,不再赘述。

(4)其他工程和沿线设施:其他工程和沿线设施作为单项工程,决算形成"交付使用资产-其他和沿线设施",下设明细项:安全设施(护栏、标志、标线、隔离栅、指示牌、轮廓标等)、通信机电设施(主要是通信线路、人孔井、管线预埋等)、监控设施和收费设施(收费岛、收费厅等)、供配电及照明设施(主要是指供电线路、变电站及照明及配电电缆敷设等)、管理服务设施(道路、停车场、外管网线及污水处理等服务设施),其会计处理与路基相同,不再赘述。

(5)房屋建筑物:房屋建筑物作为单项工程,决算形成"交付使用资产-房屋建筑物",按用途分为管理养护房屋、收费房屋和服务房屋。根据审定的工程决算与基本建设会计账核对无误,结转"建筑安装投资支出-房屋建筑物"计入"交付使用资产-房屋建筑物"形成房屋建筑物直接成本,同时结转各明细项;计算摊销合理待摊投资-应分摊费用,转入"交付使用资产-房屋建筑物"形成间接费用,应分摊费用计入各明细项,汇总计算形成"交付使用资产-房屋建筑物"交付使用资产明细表,汇总计算形成"交付使用资产-房屋建筑物"竣工决算值,明细表汇总数与总表相符。

(6)机器设备、工器具:机器设备、工器具作为单项工程,决算形成"交付使用资产-机器设备工器具"下设需要安装的设备和不需要安装的设备;不需安装设备在核对会计明细账基础上直接结转形成"交付使用资产-车辆、电子设备",需安装设备根据审定的工程决算调入"交付使用资产-机器设备"计算应分摊待摊投资,转入"交付使用资产-机器设备",汇总机器设备总数记入"交付使用资产-机器设备总表",分项记入交付使用资产明细表,形成竣工决算值。工器具是指单位价值构不成机器设备的各种工具、器具等直接转入"交付使用资产-其他设备"。

(7)无形资产-土地使用权:无形资产作为一项单项资产管理,决算形成"交付使用资产-无形资产(土地)",在基本建设财务处理上,其价值构成在待摊投资账户下反映。主要包括土地征用费、青苗补偿及安置补助费,另外还有土地管理费、不可预见费、征地协调费、耕地占用税金及其他有关费用等,首先进行清查确定相关土地及其价值构成,然后直接从待摊投资转入"交付使用资产-无形资产—土地使用权",形成决算值。

(三)债权债务情况

在决算编制准备阶段,对往来款项进行了清理核对。

河南高速公路发展有限责任公司

安新改建工程项目部

二〇一六年二月二十九日

交通基本建设项目竣工决算审批表

交建竣 1 表

<table>
<tr><td>建设项目法人(建设单位)</td><td>河南高速公路发展有限责任公司安新改建工程项目部</td><td>建设性质</td><td>改扩建</td></tr>
<tr><td>建设项目名称</td><td>京珠国道主干线安阳至新乡高速公路改扩建工程</td><td>主管部门</td><td>河南高速公路发展有限责任公司</td></tr>
<tr><td colspan="4">主管部门(单位)意见:

盖　章
年　月　日</td></tr>
<tr><td colspan="4">省级交通主管部门　　或部属一级单位意见:

盖　章
年　月　日</td></tr>
<tr><td colspan="4">交通部审批意见:

盖　章
年　月　日</td></tr>
</table>

工程概况表

交建竣2表

建设项目或单项工程名称		京珠国道主干线安阳至新乡高速公路改扩建工程		工程主要特征、完成的主要工程量及主要技术经济指标	设计	实际
建设地址或地理位置				1.公路等级	高速公路	高速公路
建设时间	计划			2.计算行车速度(km/h)	120	120
	实际	2008年4月开工2010年11月完工		3.路线总长(公里)	113.173	113.173
初步设计和概算批准机关、日期、文号		2007年10月交通部交公路发〔2007〕568号文		4.路基宽度(m)	42	42
调整概算批准机关、日期、文号				5.路基土方(m^3)	5 572 509.00	6 444 942.00
开工报告批准时间				6.路面结构	沥青混凝土,路面厚度:22cm,路面宽度:42m	
主要设计单位		河南省交通规划勘察设计院、中交第一公路勘察设计研究院有限公司				
主要监理单位		郑州市中原公路工程监理有限公司、北京华通公路桥梁监理咨询公司				
主要施工单位		北京城建道桥工程有限公司、中交第一公路工程局有限公司、中铁十一局集团有限公司、中铁四局集团有限公司、中铁十五局集团有限公司、中铁五局集团第一工程有限责任公司、路桥集团国际建设股份有限公司、河南省公路工程局集团有限公司、中铁九局集团有限公司、中铁十局集团有限公司、中交第四公路工程局有限公司等		7.路面铺筑(万平米/公里)	2.920 6	4.365 2
				8.桥梁总长(m/座)	6 145.74/91	6 145.74/91
				9.涵洞(米/道)	177	177
				10.隧道(米/道)	0	0
				11.分离式立交(处)	42	42
				13.互通式立交(处)	7	7
工程质量监督部门				14.通道桥(座)	163	163
				14.大桥(座)	1	1
总投资(万元)		批准概算	竣工决算	16.管理及养护用房(公路公里)		
		465 857.82	456 559.06	17.服务区(处)		

续上表

建设项目或单项工程名称	京珠国道主干线安阳至新乡高速公路改扩建工程		工程主要特征、完成的主要工程量及主要技术经济指标	设计	实际
主要材料消耗	设计	实际	18.停车区(处)		
钢材(t)			19.养护工区(处)		
木材(m^3)			20.收费设施(处)		
水泥(t)			25.平均每公里造价(万元)		
石油沥青(t)			26.拆迁房屋(平方米)		
基建支出合计(万元)	批准概算	竣工决算	27.迁移人口(人)		
建筑安装工程	386 192.96	370 126.05	28.占地面积(亩)		
设备工具器具	3 669.20	7 863.91			
待摊投资	75 995.66	78 569.11			
其中:建设单位管理费	10 988.76	6 354.00			
其他费用预留费用					
合计	465 857.82	456 559.06			
主要收尾工程					
工程内容或名称	投资额(万元)	预计完成时间			
变更单价咨询费					
养护公司遗留费用					

建设项目竣工财务决算总表

2016 年 2 月 29 日

编制单位：河南高速安新改建工程项目部　　　　交建竣 3-1 表

资金来源	金额	资金占用	金额
一、基建拨款	0.00	一、基本建设支出	4 565 590 630.53
1.预算拨款		1.交付使用资产	
2.基建基金拨款		2.在建工程	4 565 590 630.53
3.进口设备转账拨款		3.待核销基建支出	
4.器材转账拨款		4.非经营项目转出投资	
5.煤代油专用基金拨款		二、应收生产单位投资借款	
6.自筹资金拨款		三、拨付所属投资借款	
7.其他拨款		四、器材	
二、项目资本	1 513 495 200.00	其中：待处理器材损失	
1.国家资本		五、货币资金	12 311 634.21
2.法人资本	1 513 495 200.00	六、预付及应收款	64 720 205.19
3.个人资本		七、有价证券	
三、项目资本公积		八、固定资产	24 003 644.00
四、基建借款	2 997 500 000.00	固定资产原价	
五、上级拨入投资借款		减：累计折旧	
六、企业债券资金		固定资产净值	
七、待冲基建支出		固定资产清理	
八、应付款	155 630 547.92	待处理固定资产损失	
九、未交款	366.01		
1.未交税金	366.01		
2.未交基建收入			
3.未交基建包干节余			
4.其他未交款			
十、上级拨入资金			
十一、留成收入			
合计	4 666 626 113.93	合计	4 666 626 113.93

资金来源情况表

交建竣 3-2 表

单位:元

资金来源	2005 年度		2006 年度		2007 年度		2008 年度		2009 年度		2010 年度		2011 年度		2012 年度		2013 年		2014 年		2015 年		2016 年		合计	
	计划数	实际数	计划数	实际数	计划数	实际数	计划数	实际数	计划数	实际数	计划数	实际数	计划数	实际数	计划数	实际数	计划数	实际数	计划数	实际数	计划数	实际数	计划数	实际数	计划数	实际数
一、基建拨款																										
二、项目资本																										
三、项目资本公积		128000000.00				40000000.00		733580000.00		130000000.00		272070000.00		140000000.00								43445200.00		26400200.00		1513495400.00
四、基建投资借款		—	—	150000000.00	—	50000000.00	—	360000000.00	—	550000000.00	—	1036000000.00	—	371500000.00	—	190500000.00	—	151500000.00		80000000.00		36400000.00		21600000.00	—	2997500000.00
内部统贷统还借款	—	—	—	150000000.00	—	50000000.00	—	360000000.00	—	550000000.00	—	1036000000.00	—	371500000.00	—	190500000.00	—	151500000.00		80000000.00		36400000.00		21600000.00	—	2997500000.00
五、上级拨入投资借款																										
六、企业债券资金																										
合计	—	128000000.00	—	150000000.00	—	90000000.00	—	1093580000.00	—	680000000.00	—	1308070000.00	—	511500000.00	—	190500000.00		151500000.00	—	80000000.00	—	79845200.00		48000200.00	—	4510995400.00

工程造价和概算执行情况表

交建竣 3-3 表

单位:元

项目		概算	工程造价合计	其中:						概算投资结余	备注
				建安投资	设备投资	其他投资	待摊投资	待核销支出	转出投资		
1		2	3	4	5	6	7	8	9	10=2-3	
第一部分　建筑安装工程费		3 861 929 571.00	3 701 260 457.13	3 701 260 457.13						160 669 113.87	
一	路基工程	723 038 354.00	969 896 778.98	969 896 778.98						-246 858 424.98	
二	路面工程	1 258 381 488.00	1 429 669 498.70	1 429 669 498.70						-171 288 010.70	
三	桥梁、涵洞工程	880 031 433.00	749 564 259.56	749 564 259.56						130 467 173.44	
四	隧道工程										
五	采空区处理										
六	其他工程及沿线设施	462 921 638.00	242 966 615.89	242 966 615.89						219 955 022.11	
七	临时工程	71 409 229.00								71 409 229.00	
八	管理、养护及服务房屋	286 213 083.00	309 163 304.00	309 163 304.00						-22 950 221.00	
	施工技术装备费										
九	计划利润										
十	税金										
十一	建安费预留费用	179 934 346.00								179 934 346.00	
十二	其他支付										
第二部分　设备工具器具购置费		36 692 029.00	78 639 107.95		78 122 442.65	516 665.30				-41 947 078.95	
一	设备购置费	35 342 186.00	78 122 442.65		78 122 442.65					-42 780 256.65	
二	工具器具购置费										
三	办公及生活用家具购置	1 349 843.00	516 665.30			516 665.30				833 177.70	
四	购置费预留费用										
第三部分　工程建设其他费用		759 956 596.00	785 691 079.88				785 691 079.88			-25 734 483.88	
一	土地、青苗补偿及安置补置费	330 277 524.00	354 376 891.54				354 376 891.54			-24 099 367.54	
二	建设单位管理费	109 887 604.00	63 540 004.40				63 540 004.40			46 347 599.60	
	建设单位管理费										

续上表

项目		概算	工程造价合计	其中：						概算投资结余	备注
				建安投资	设备投资	其他投资	待摊投资	待核销支出	转出投资		
	工程质量监督费		317 000.00				317 000.00			−317 000.00	
	工程监理费		51 617 340.00				51 617 340.00			−51 617 340.00	
	定额编制管理费										
	设计文件审查费										
三	研究试验费	2 400 000.00	21 303 746.00				21 303 746.00			−18 903 746.00	
四	勘察设计费	70 642 000.00	66 426 378.00				66 426 378.00			4 215 622.00	
五	建设期贷款利息	246 749 468.00	177 590 266.50				177 590 266.50			69 159 201.50	
六	其他费用预留费用		10 013 289.17				10 013 289.17			−10 013 289.17	
七	其他支付		40 506 164.27				40 506 164.27			−40 506 164.27	
第一二三部分费用合计		4 658 578 196.00	4 565 590 630.53	3 701 260 457.13	78 122 442.65	516 665.30	785 691 079.88			92 987 565.47	
第四部分其他费用											
一	预留费用										
二	采空区处理										
三	其他										
概算总金额		4 658 578 196.00	4 565 590 630.53	3 701 260 457.13	78 122 442.65	516 665.30	785 691 079.88			92 987 565.47	

基本建设项目交付使用资产总表

交建竣 5-1 表

单位:元

单项工程项目名称（1栏）	总计(2栏)=(7栏)+…(10)	固定资产					流动资产（8栏）	无形资产（9栏）	递延资产（10栏）
		建安工程（3栏）	设备（4栏）	其他投资（5栏）	待摊投资（6栏）	合计（7栏）=(3)+.(6)			
公路及构筑物	3 509 078 221.23	3 149 130 537.24	—	—	359 947 683.99	3 509 078 221.23			
路基	1 080 756 616.38	969 896 778.98			110 859 837.40	1 080 756 616.38			
路面	1 593 081 659.25	1 429 669 498.70			163 412 160.55	1 593 081 659.25			
桥梁、涵洞	835 239 945.60	749 564 259.56			85 675 686.05	835 239 945.60			
隧道					—	—			
其他工程及沿线设施	281 232 399.54	180 139 426.79	72 245 239.95	—	28 847 732.79	281 232 399.54			
安全设施	200 729 481.32	180 139 426.79			20 590 054.53	200 729 481.32			
监控设施	17 713 465.31	—	15 896 486.49		1 816 978.82	17 713 465.31			
通讯设施	5 699 461.45	—	5 114 832.72		584 628.73	5 699 461.45			
收费设施	5 520 611.81		4 954 328 79		566 283.03	5 520 611.81			
供配电照明设施	10 621 852.19		9 532 303.64		1 089 548.55	10 621 852.19			
服务区设施	40 947 527.46		36 747 288.32		4 200 239.14	40 947 527.46			

续上表

单项工程项目名称（1栏）	总计(2栏)=(7栏)+…(10)	固定资产					流动资产（8栏）	无形资产（9栏）	递延资产（10栏）
		建安工程（3栏）	设备（4栏）	其他投资（5栏）	待摊投资（6栏）	合计（7栏）=(3)+.(6)			
绿化	70 008 377.98	62 827 189.10			7 181 188.88	70 008 377.98			
房屋建筑物	344 500 872.24	309 163 304.00	—	—	35 337 568.24	344 500 872.24			
收费站设施	28 200 909.43	25 308 169.12			2 892 740.31	28 200 909.43			
服务区房屋	316 299 962.81	283 855 134.89			32 444 827.92	316 299 962.81			
设备	6 365 118.00	—	5 848 452.70	516 665.30	—	6 365 118.00			
车辆	4 587 121.70		4 587 121.70			4 587 121.70			
办公电子设备	433 466.00		433 466.00			433 466.00			
其他设备	711 660.00		711 660.00			711 660.00			
工器具	116 205.00		116 205.00			116 205.00			
家具用具	516 665.30			516 665.30	—	516 665.30			
无形资产	354 405 641.54			354 405 641.54		354 405 641.54			
在建工程-未完工程	—					—			
合计	4 565 590 630.53	3 701 260 457.13	78 093 692.65	354 922 306.84	431 314 173.91	4 565 590 630.53		—	

交付单位　　河南高速安新改建工程项目部　　年　月　日　　接收单位　　年　月　日
盖章　　盖章

基本建设项目交付使用资产明细表

其他工程及沿线设施(安全设施)

交建竣 5-2 表
沿线设施竣资表
单位:元

序号	单项工程项目名称	固定资产							流动资产				无形资产		递延资产	
		建筑工程(1栏)				设备投资(2栏)	待摊投资(3栏)	合计(4栏)=(1)+(2)+(3)	(5栏)				(6栏)		(7栏)	
		规格	单位	数量	价值		价值	价值	名称	单位	数量	价值	名称	价值	名称	价值
1	交通安全设施				180 139 426.79	—	20 590 054.53	200 729 481.32								
2	内移的路侧波形梁护栏		m	528.00	2 456.92	—	280.83	2 737.75								
3	路侧普通型(立柱间距 4m)		m	528.00	44 956.67		5 138.58	50 095.24								
4	刺铁丝隔离栅		m	10 319.02	355 404.79		40 623.00	396 027.79								
5	刺铁丝隔离栅(GRC 立柱)		m	882 081.89	10 836 961.67		1 238 671.82	12 075 633.49								
6	刺铁丝隔离栅立柱基座(C20)		m^3	2 664.68	1 118 458.76		127 840.57	1 246 299.33								
7	单柱式交通标志			6.00	14 032.88		1 603.97	15 636.85								
8	双柱式交通标志(4100mm×3600mm)		个	3.00	63 147.95		7 217.85	70 365.81								
9	双柱式交通标志(1400mm×3000mm)		个	1.00	14 032.88		1 603.97	15 636.85								
10	双柱式交通标志安装		个	5.00	52 623.29		6 014.88	58 638.17								
11	附着式轮廓标		个				—	—								
12	反光膜		m^2	152.40	59 649.09		6 817.93	66 467.02								
13	单面波形梁钢护栏普通型(立柱间距 2m)		m	3 938.80	629 191.30		71 916.98	701 108.28								

续上表

序号	单项工程项目名称	固定资产							流动资产				无形资产		递延资产	
		建筑工程(1栏)				设备投资(2栏)	待摊投资(3栏)	合计(4栏)=(1)+(2)+(3)	(5栏)				(6栏)		(7栏)	
		规格	单位	数量	价值		价值	价值	名称	单位	数量	价值	名称	价值	名称	价值
14	单面波形梁钢护栏普通型加强型(立柱间距4m)		m	1 178.00	236 323.88		27 011.97	263 335.85								
15	翻新波形梁钢护栏		m	2 907.20	191 147.69		21 848.31	212 996.00								
16	2号标线		m^2	16 292.48	728 898.54		83 313.58	812 212.13								
17	突起式振荡标线		m^2	1 039.36	124 499.62		14 230.39	138 730.01								
18	冷漆标线		m^2	798.36	11 834.93		1 352.74	13 187.67								
19	彩色标线		m^2	1 332.56	414 306.27		47 355.48	461 661.74								
20	路侧普通型(立柱间距4m,新立柱、新梁板)		m	204 025.16	38 142 270.48		4 359 686.51	42 501 956.99								
21	路侧加强型(立柱间距2m,新立柱、新梁板)		m	30 631.42	7 860 938.38		898 510.41	8 759 448.79								
22	桥梁中央加强型护栏		m	11 832.16	3 036 485.89		347 072.33	3 383 558.22								
23	中央波形梁护栏		m	205 350.60	879 860.88	—	100 568.67	980 429.55								
24	中央普通型(立柱间距4m)		m	190 810.94	30 461 250.92		3 481 740.94	33 942 991.86								
25	中央加强型(立柱间距2m)		m	14 971.54	3 250 475.84		371 531.52	3 622 007.36								
26	波形梁板翻新		m	221 129.74	9 548 003.28	—	1 091 343.03	10 639 346.31								
27	路侧波形梁板		m	227 766.63	1 022 052.50		116 821.27	1 138 873.77								
28	热镀锌加工费		m	8 000.00	162 458.24		18 569.08	181 027.32								
29	新聚酯涂塑护栏板		m	6 671.80	482 402.43		55 138.91	537 541.34								
30	活动式护栏(折叠)		m	1 695.00	1 540 708.96		176 104.04	1 716 813.00								

续上表

序号	单项工程项目名称	固定资产							流动资产				无形资产		递延资产	
		建筑工程(1栏)				设备投资(2栏)	待摊投资(3栏)	合计(4栏)=(1)+(2)+(3)	(5栏)				(6栏)		(7栏)	
		规格	单位	数量	价值		价值	价值	名称	单位	数量	价值	名称	价值	名称	价值
31	立柱钻孔		个	53 029.21	1 985 784.15		226 976.43	2 212 760.58								
32	内移路侧波形梁护栏		m	211 185.35	8 626 704.70		986 038.00	9 612 742.70								
33	热镀锌浸塑立柱 1600mm		根	4 662.00	498 981.09		57 033.87	556 014.96								
34	热镀锌浸塑法兰立柱 920mm		根	449.00	39 675.94		4 534.99	44 210.93								
35	热镀锌浸塑护栏板		m	3 852.00	265 546.58		30 352.15	295 898.73								
36	波形梁护栏维修		m	2 000.00	237 014.67		27 090.93	264 105.60								
37	内移的路侧波形梁护栏		m	216 237.59	1 190 015.87		136 019.59	1 326 035.47								
38	路侧普通型(立柱间距 4m)		m	4 833.83	282 103.34		32 244.60	314 347.94								
39	路侧普通型(立柱间距 2m)		m	356.00	41 037.64		4 690.63	45 728.27								
40	中央波形梁护栏调整		m	211 630.56	1 702 880.12		194 640.31	1 897 520.43								
41	紧迫器		个	8 730.00	1 762 906.33		201 501.35	1 964 407.68								
42	百米桩		个	2 890.00	15 331.31		1 752.38	17 083.69								
43	换膜 3.60m×3.00m		个	2.00	18 646.98		2 131.36	20 778.34								
44	双柱式交通标志 2m×3m(2个牌面)		个	176.00	3 038 230.13		347 271.70	3 385 501.83								
45	双柱式交通标志 2m×3m(1个牌面)		个	58.00	486 483.96		55 605.43	542 089.39								
46	双柱式交通标志 2m×2.4m(2个牌面)		个	12.00	154 804.35		17 694.24	172 498.59								
47	双柱式交通标志 2m×1.2m(2个牌面)		个	36.00	240 128.73		27 446.87	267 575.60								

续上表

序号	单项工程项目名称	固定资产							流动资产				无形资产		递延资产	
		建筑工程(1栏)				设备投资(2栏)	待摊投资(3栏)	合计(4栏)=(1)+(2)+(3)	(5栏)				(6栏)		(7栏)	
		规格	单位	数量	价值		价值	价值	名称	单位	数量	价值	名称	价值	名称	价值
48	单柱式交通标志 1.2m×3(2个牌面)		个	51.00	182 155.55		20 820.50	202 976.05								
49	单柱式交通标志 1.2m×3(4个牌面)		个	44.00	303 284.45		34 665.61	337 950.06								
50	3m×4m(1个牌面)		个	71.00	1 127 964.42		128 927.07	1 256 891.49								
51	双柱式临时交通标志 3×2.5m(1个牌面)		个	3.00	41 057.79		4 692.93	45 750.72								
52	标志(永久)		个	42.00	31 151.45		3 560.63	34 712.08								
53	标志牌拆装及调整		m^2	9 621.22	973 922.62		111 319.99	1 085 242.62								
54	标志移位		个	54.00	758 107.58		86 652.19	844 759.77								
55	新增标志板		m^2	555.57	468 896.42		53 595.17	522 491.58								
56	门架横梁拆装		kg	4 501.65	11 717.65		1 339.34	13 056.98								
57	标志改板		m^2	179.20	5 206.86		595.15	5 802.01								
58	粘贴反光膜(改字、盖字,进口一级反光膜)		m^2	5 146.69	2 168 984.29		247 916.33	2 416 900.61								
59	粘贴反光膜(改字、盖字,进口二级反光膜)		m^2	939.49	291 126.44		33 275.94	324 402.38								
60	粘贴反光膜(全部更换,进口一级反光膜		m^2	754.99	623 877.64		71 309.62	695 187.26								
61	粘贴反光膜(全部更换,进口二级反光膜		m^2	61.25	33 531.28		3 832.65	37 363.93								

续上表

序号	单项工程项目名称	固定资产							流动资产				无形资产		递延资产	
		建筑工程(1栏)				设备投资(2栏)	待摊投资(3栏)	合计(4栏)=(1)+(2)+(3)	(5栏)				(6栏)		(7栏)	
		规格	单位	数量	价值		价值	价值	名称	单位	数量	价值	名称	价值	名称	价值
62	反光膜补差		m^2	889.00	165 288.45		18 892.58	184 181.02								
63	钢管		kg	5 017.06	51 304.18		5 864.10	57 168.28								
64	基础素混凝土 C25		m^3	47.19	20 358.77		2 327.02	22 685.79								
65	基础钢筋混凝土 C25		m^3	175.78	112 313.79		12 837.54	125 151.33								
66	圆 R=0.4m		个	27.00	28 786.78		3 290.35	32 077.12								
67	(1.25m×1.20m)+(1.25×0.73m)		个	20.00	85 204.22		9 738.90	94 943.12								
68	1m×3.5m		个	6.00	34 262.93		3 916.27	38 179.20								
69	2.60m×3.80m		个	8.00	175 732.79		20 086.37	195 819.17								
70	2.60m×4.50m+2.60m×1.20m		个	6.00	172 370.25		19 702.03	192 072.29								
71	单柱式交通标志 3m×2m		个	7.00	85 997.28		9 829.55	95 826.82								
72	单柱式交通标志 2m×2.5m		个	11.00	121 360.37		13 871.57	135 231.94								
73	单柱式交通标志 △1.3m×1.3m×1.3m		个	23.00	47 718.30		5 454.23	53 172.53								
74	单柱式交通标志 2.8m×2.4m		个	17.00	161 424.97		18 450.98	179 875.95								
75	单柱式交通标志 2m×3m		个	5.00	77 128.98		8 815.89	85 944.87								
76	单柱式交通标志 2m×2.5m		个	6.00	66 195.26		7 566.16	73 761.43								
77	单柱式交通标志 1.75×1.95		个	5.00	21 269.03		2 431.06	23 700.10								
78	单柱式交通标志 2.5×1.74+2.5×0.62		个	4.00	47 137.84		5 387.89	52 525.73								

续上表

序号	单项工程项目名称	固定资产								流动资产				无形资产		递延资产	
		建筑工程(1栏)				设备投资(2栏)	待摊投资(3栏)	合计(4栏)=(1)+(2)+(3)	(5栏)				(6栏)		(7栏)	
		规格	单位	数量	价值		价值	价值	名称	单位	数量	价值	名称	价值	名称	价值
79	单柱式交通标志 1.75×1.8		个	3.00	11 824.41		1 351.54	13 175.95								
80	单柱式交通标志 2.5×1.21+2.5×0.62		个	6.00	41 560.59		4 750.40	46 311.00								
81	单柱式交通标志 0.6×0.6		个	4.00	7 086.60		810.00	7 896.60								
82	单柱式交通标志 1.75×1.35		个	9.00	29 397.92		3 360.20	32 758.12								
83	单柱式交通标志 1.25×0.6+1.25×1		个	4.00	11 603.82		1 326.32	12 930.15								
84	单柱式交通标志 2×2.8		个	4.00	47 350.46		5 412.19	52 762.65								
85	单柱式交通标志 0.75×2.5		个	1.00	5 557.66		635.24	6 192.90								
86	单柱式交通标志(2×1.5)×2		个	2.00	22 699.76		2 594.60	25 294.36								
87	单柱式交通标志 2×1.5		个	3.00	22 717.56		2 596.63	25 314.19								
88	4.10m×3.70m		个	11.00	412 696.28		47 171.45	459 867.73								
89	3.0m×2.1m		个	10.00	74 107.63		8 470.55	82 578.18								
90	双柱式交通标志 3×(5.9m×2.1m)		个	10.00	675 984.81		77 265.51	753 250.32								
91	2.5m×3.75m		个	2.00	32 491.65		3 713.82	36 205.46								
92	双柱式交通标志 5.3m×3.6m		个	4.00	171 413.02		19 592.62	191 005.64								
93	双柱式交通标志(3m×3.8m)+(2.6m×1.2m)		个	6.00	195 905.11		22 392.08	218 297.19								
94	4.1m×3.73m		个	11.00	294 171.33		33 623.98	327 795.31								

续上表

序号	单项工程项目名称	固定资产							流动资产				无形资产		递延资产	
		建筑工程(1栏)				设备投资(2栏)	待摊投资(3栏)	合计(4栏)=(1)+(2)+(3)	(5栏)				(6栏)		(7栏)	
		规格	单位	数量	价值		价值	价值	名称	单位	数量	价值	名称	价值	名称	价值
95	4.30m×3.60m		个	2.00	73 741.35		8 428.68	82 170.04								
96	4.80m×5.00m		个	1.00	45 521.25		5 203.11	50 724.35								
97	4.50m×6.00m+2.60m×1.20m		个	2.00	88 936.28		10 165.47	99 101.75								
98	4.20m×3.80m		个	16.00	603 388.89		68 967.75	672 356.64								
99	4.20m×5.70m		个	4.00	186 547.34		21 322.48	207 869.82								
100	4.90m×6.60m		个	9.00	399 246.99		45 634.19	444 881.18								
101	4.10m×2.20m		个	8.00	154 383.09		17 646.09	172 029.17								
102	双柱式交通标志 7.0m×6.0m		个	2.00	165 967.95		18 970.24	184 938.19								
103	双柱式交通标志 2.4m×2.4m		个	5.00	75 314.20		8 608.46	83 922.67								
104	双柱式交通标志 4.8m×3.9m		个	1.00	41 977.15		4 798.02	46 775.17								
105	双柱式交通标志 3×2		个	4.00	55 196.84		6 309.03	61 505.87								
106	双柱式交通标志(3×2)×2		个	2.00	40 432.74		4 621.49	45 054.23								
107	双柱式交通标志 3×2+3×1		个	1.00	17 493.05		1 999.47	19 492.51								
108	三柱式交通标志 3m×6.7m×2.1m		个	3.00	250 147.89		28 592.07	278 739.96								
109	跨度 22.5m		个	17.00	2 409 307.60		275 385.44	2 684 693.04								
110	跨度 26.25m		个	2.00	273 205.69		31 227.59	304 433.28								
111	门架式交通标志(2.6m×4m)+(7m×4m+2.6m×1.2m)		个	3.00	431 828.12		49 358.24	481 186.36								

续上表

序号	单项工程项目名称	固定资产							流动资产				无形资产		递延资产	
		建筑工程(1栏)				设备投资(2栏)	待摊投资(3栏)	合计(4栏)=(1)+(2)+(3)	(5栏)				(6栏)		(7栏)	
		规格	单位	数量	价值		价值	价值	名称	单位	数量	价值	名称	价值	名称	价值
112	门架式交通标志5×(3.3m×3m)		个	9.00	1 462 378.84		167 150.86	1 629 529.70								
113	门架式交通标志(6.6m×4m)+(8.2m×4m+2.6m×1.2m)		个	2.00	332 808.98		38 040.28	370 849.26								
114	门架式交通标志(4.76m×4.43m+2.6m×1.2m)×2		个	1.00	153 155.32		17 505.75	170 661.08								
115	门架式交通标志(4.76m×4.43m)×2+(2.6m×1.2m)		个	4.00	598 844.77		68 448.35	667 293.12								
116	门架式交通标志(4.76m×4.43m+2.6m×1.2m)×3		个	1.00	178 783.60		20 435.08	199 218.69								
117	门架式交通标志(4.76m×4.43m)×3+(2.6m×1.2m)		个	1.00	172 330.15		19 697.45	192 027.59								
118	门架式交通标志(4.76m×4.43m)×3+(2.6m×1.2m)×2		个	1.00	175 332.06		20 040.57	195 372.63								
119	门架式交通标志13.5m×4m		个	2.00	310 195.23		35 455.52	345 650.75								
120	门架式交通标志4.97m×3.85m×2		个	1.00	142 455.58		16 282.77	158 738.34								
121	门架式交通标志4.2m×4.4m+2×(4.2m×4m+2.8m×1.2m)		个	1.00	160 008.03		18 289.02	178 297.05								

续上表

序号	单项工程项目名称	固定资产							流动资产				无形资产		递延资产	
		建筑工程（1栏）				设备投资（2栏）	待摊投资（3栏）	合计（4栏）=（1）+（2）+（3）	（5栏）				（6栏）		（7栏）	
		规格	单位	数量	价值		价值	价值	名称	单位	数量	价值	名称	价值	名称	价值
122	门架式交通标志 2×（4.2m×4m+2.8m×1.2m）		个	1.00	141 714.60		16 198.07	157 912.67								
123	门架式交通标志 4.2m×4+7m×4m+2.6m×1.2m		个	6.00	873 938.77		99 891.77	973 830.54								
124	门架式交通标志 6×（1.2×1.8）+4×（1.5×1.8）+1×φ0.6（跨度 17.4m）		个	1.00	75 674.52		8 649.65	84 324.17								
125	门架式交通标志 6×（1.2×1.8）+3×（1.5×1.8）+1×φ0.6（跨度 17.4m）		个	3.00	218 329.09		24 955.16	243 284.25								
126	门架式交通标志 6×（0.6×1）+3×（1×1）（跨度 9m）		个	4.00	97 459.53		11 139.69	108 599.22								
127	门架式交通标志 6×（0.6×1）+3×（1×1）（跨度 23m）		个	2.00	156 451.68		17 882.53	174 334.21								
128	门架式交通标志 6×（0.6×1）+3×（1×1）（跨度 17.4m）		个	1.00	59 930.55		6 850.10	66 780.65								
129	3.5m×3.5m		个	29.00	759 828.61		86 848.91	846 677.52								
130	3.5m×4.55m		个	17.00	611 153.86		69 855.29	681 009.14								
131	单悬臂式交通标志 3.5m×4.55m		个	19.00	943 679.65		107 863.20	1 051 542.85								

续上表

序号	单项工程项目名称	固定资产							流动资产				无形资产		递延资产	
		建筑工程(1栏)				设备投资(2栏)	待摊投资(3栏)	合计(4栏)=(1)+(2)+(3)	(5栏)				(6栏)		(7栏)	
		规格	单位	数量	价值		价值	价值	名称	单位	数量	价值	名称	价值	名称	价值
132	4.97m×3.85m		个	8.00	411 284.43		47 010.08	458 294.51								
133	单悬臂式交通标志 4.97m×3.85m		个	6.00	336 412.87		38 452.21	374 865.08								
134	4.76m×4.43m+2.60m×1.20m		个	24.00	1 309 911.99		149 723.80	1 459 635.79								
135	单悬臂式交通标志 4.76m×4.43m+2.60m×1.20m		个	36.00	2 266 062.58		259 012.44	2 525 075.02								
136	3.3m×3.35m		个	3.00	98 049.55		11 207.13	109 256.67								
137	3.5m×4.0m		个	6.00	214 420.70		24 508.43	238 929.13								
138	单悬臂式交通标志 3.6m×3.6m		个	1.00	30 980.40		3 541.08	34 521.48								
139	单悬臂式交通标志 4.2m×3.6mm		个	3.00	97 908.06		11 190.96	109 099.01								
140	单悬臂式交通标志 4.5m×5m+2.6m×1.2m		个	1.00	65 156.14		7 447.39	72 603.53								
141	单悬臂式交通标志 3×2.05		个	4.00	75 937.99		8 679.76	84 617.75								
142	2×(3.0m×2.6m)		个	4.00	84 362.97		9 642.74	94 005.71								
143	4.20m×4.00m+2.80m×1.20m+4.20m×4.00m+2.80m×1.20m		个	2.00	146 855.45		16 785.67	163 641.12								
144	4.20m×4.00m+2.60m×1.20m+4.20m×4.00m		个	2.00	139 123.29		15 901.88	155 025.18								

续上表

序号	单项工程项目名称	固定资产							流动资产				无形资产		递延资产	
		建筑工程(1栏)				设备投资(2栏)	待摊投资(3栏)	合计(4栏)=(1)+(2)+(3)	(5栏)				(6栏)		(7栏)	
		规格	单位	数量	价值		价值	价值	名称	单位	数量	价值	名称	价值	名称	价值
145	5. 00m × 4. 00m + 4. 20m × 4.00m+2×(2.80m×1.20m)		个	2.00	172 850.83		19 756.96	192 607.80								
146	4. 20m × 4. 00m + 4. 20m × 4.00m+2.80m×1.20m		个	3.00	199 097.59		22 756.98	221 854.57								
147	4. 20m × 4. 00m + 5. 00m × 4.00m+2.80m×1.20m		个	1.00	74 508.12		8 516.33	83 024.45								
148	双悬臂式交通标志 2×4.2m×4m		个	2.00	77 384.97		8 845.15	86 230.12								
149	双悬臂式交通标志 2×(4m× 3m + 2. 6m × 1. 2m) + 3.5m×3.5m		个	1.00	69 955.84		7 996.00	77 951.84								
150	双悬臂式交通标志 2×(4m×3m)+2.6m×1.2m		个	1.00	52 914.86		6 048.20	58 963.07								
151	双悬臂式交通标志 2×(3×2.05)		个	1.00	24 564.68		2 807.76	27 372.44								
152	0.6m×0.8m		个	185.00	97 022.57		11 089.74	108 112.32								
153	Φ0.6m		个	6.00	1 379.08		157.63	1 536.71								
154	附着式交通标志 2.5m×0.9m		个	1.00	3 331.82		380.83	3 712.65								
155	附着式交通标志 0.9m×3.3m		个	4.00	13 368.64		1 528.04	14 896.68								
156	附着式交通标志 1m×0.75m		个	7.00	6 287.69		718.69	7 006.37								
157	附着式交通标志 0.4m×0.6m		个	170.00	54 368.35		6 214.34	60 582.69								

续上表

序号	单项工程项目名称	固定资产							流动资产				无形资产		递延资产	
		建筑工程(1栏)				设备投资(2栏)	待摊投资(3栏)	合计(4栏)=(1)+(2)+(3)	(5栏)				(6栏)		(7栏)	
		规格	单位	数量	价值		价值	价值	名称	单位	数量	价值	名称	价值	名称	价值
158	附着式交通标志 1m×0.75m		个	8.00	6 554.02		749.13	7 303.15								
159	附着式交通标志 4×0.75		个	12.00	45 797.11		5 234.64	51 031.75								
160	附着式交通标志 0.75×2.5		个	1.00	2 179.84		249.16	2 429.00								
161	附着式交通标志 2.5×0.75		个	2.00	4 239.08		484.53	4 723.61								
162	附着式交通标志 2×2		个	2.00	7 885.42		901.31	8 786.73								
163	里程牌		个	320.00	187 349.55		21 414.18	208 763.72								
164	立面标记		m^2	76.80	31 620.36		3 614.23	35 234.58								
165	临时标线(热熔型)		m^2	42 773.83	1 419 129.11		162 207.39	1 581 336.49								
166	临时标线(冷漆)		m^2	100 108.96	1 199 497.01		137 103.29	1 336 600.31								
167	柔性路标		个	86.00	14 657.19		1 675.33	16 332.51								
168	2 号标线		m^2	70 367.07	2 471 572.07		282 502.31	2 754 074.38								
169	热熔喷涂型标线		m^2	14 873.22	580 564.03		66 358.85	646 922.88								
170	突起路标		个	2 193.00	31 712.82		3 624.80	35 337.62								
171	附着式轮廓标		个	23 722.00	394 498.55		45 091.44	439 589.99								
172	热熔型震荡标线		m^2	103 382.78	10 452 030.82		1 194 673.97	11 646 704.80								
173	反光膜		m^2	577.51	246 613.69		28 188.11	274 801.79								
174	桥梁防眩板		片	8 304.00	1 395 542.69		159 511.44	1 555 054.13								
175	活动护栏、涵洞通道防眩板		片	2 957.00	164 874.10		18 845.22	183 719.32								

交付单位　　　　年　月　日　　　　接收单　　　　月　日

盖章　　　　　　　　　　　　　　　　盖章

基本建设项目交付使用资产明细表

其他工程及沿线设施(管理与养护设施)

交建竣 5-2 表

沿线设施竣资表

单位:元

单项工程项目名称	固定资产						流动资产				无形资产		递延资产	
	单位	数量	建筑工程(1栏)	设备投资(2栏)	待摊投资(3栏)	合计 (4栏)=(1)+(2)+(3)	(5栏)				(6栏)		(7栏)	
			价值	价值	价值	价值	名称	单位	数量	价值	名称	价值	名称	价值
管理与养护设施				72 245 239.95	8 257 678.27	80 502 918.22								
监控系统				15 896 486.49	1 816 978.82	17 713 465.31								
交通监控计算机:双核 2×3.0G/1GRAM/80GHD48xCDROM/ 19” /10/100 网卡	台	1		4 127.58	471.79	4 599.37								
通信控制计算机:双核 2×3.0G/1GRAM/ 80GHD48xCDROM/19”/10/100 网卡	台	1		4 127.58	471.79	4 599.37								
多串口服务器:≥32 口	台	2		28 241.34	3 228.00	31 469.34								
配电箱	台	1		868.96	99.32	968.29								
交流配电柜	台	1		5 648.27	645.60	6 293.87								
应用软件	台	1		86 896.43	9 932.32	96 828.75								
系统软件	台	1		27 969.79	3 196.97	31 166.75								
门架	台	3		319 344.39	36 501.27	355 845.66								
门架	项	5		586 550.92	67 043.15	653 594.07								
门架(26.5 米)		1		139 404.41	15 934.02	155 338.42								

续上表

单项工程项目名称	固定资产						流动资产				无形资产		递延资产	
	单位	数量	建筑工程(1栏)	设备投资(2栏)	待摊投资(3栏)	合计(4栏)=(1)+(2)+(3)	(5栏)				(6栏)		(7栏)	
			价值	价值	价值	价值	名称	单位	数量	价值	名称	价值	名称	价值
显示板:1.92m×3.2m;四红二绿;点间距 20mm	台	14		1 824 825.08	208 578.70	2 033 403.78								
立柱	台	14		273 723.76	31 286.81	305 010.57								
微波车检器		17		350 844.35	40 101.74	390 946.08								
立柱	台	17		27 698.24	3 165.93	30 864.16								
气象监测器	台	2		347 585.73	39 729.28	387 315.01								
立柱	台	2		1 086.21	124.15	1 210.36								
数据光端机 1:一路数据	台	8		11 296.54	1 291.20	12 587.74								
数据光端机 2:二路数据	台	6		9 775.85	1 117.39	10 893.23								
数据信号避雷器	米	42		8 211.71	938.60	9 150.32								
电源避雷器	台	42		12 545.67	1 433.98	13 979.65								
接地系统		42		45 620.63	5 214.47	50 835.09								
VV22-1KV-4×35	组	24195		3 285 109.03	375 490.12	3 660 599.15								
VV22-1KV-2×16	组	10513		412 369.49	47 134.10	459 503.60								
YJVV22-1KV-2×10	组	566		18 040.06	2 061.99	20 102.05								
镀锌钢管 φ114	米	1360		102 586.07	11 725.65	114 311.72								
镀锌钢管 φ60	米	2648		146 476.81	16 742.40	163 219.21								
D8 镀锌圆钢抱箍		1624		52 919.93	6 048.78	58 968.71								
室外配电箱	米	22		23 896.52	2 731.39	26 627.91								
顶管(42m):直径 114mm	米	3		9 745.68	1 113.94	10 859.61								

续上表

单项工程项目名称	固定资产						流动资产				无形资产		递延资产	
	单位	数量	建筑工程(1栏)	设备投资(2栏)	待摊投资(3栏)	合计(4栏)=(1)+(2)+(3)	(5栏)				(6栏)		(7栏)	
			价值	价值	价值	价值	名称	单位	数量	价值	名称	价值	名称	价值
电缆(VV22 3×50+1×25)	米	365		61 947.65	7 080.66	69 028.31								
护坡及新老匝道恢复	米	205		13 102.60	1 497.64	14 600.24								
门式可变情报中央分隔带基础	米	13		197 689.38	22 596.03	220 285.41								
门式可变情报路侧基础		13		197 689.38	22 596.03	220 285.41								
收费站前信息发布屏基础	米	14		167 275.63	19 119.71	186 395.35								
气象检测器基础	米	2		6 517.23	744.92	7 262.16								
微波车量检测器	米	17		64 629.22	7 387.16	72 016.38								
外场配电箱基础	米	25		13 577.57	1 551.92	15 129.49								
电力手孔	米	37		48 227.52	5 512.44	53 739.96								
电力人井	根	31		168 361.84	19 243.87	187 605.71								
工程师培训	米	16		2 252.87	257.50	2 510.38								
技术人员培训		8		804.60	91.97	896.56								
操作人员培训	米	40		2 816.09	321.88	3 137.97								
联合设计人员(收费、监控通信、照明系统)	米	1		50 287.29	5 747.87	56 035.16								
国内工厂监造	米	6		12 068.95	1 379.49	13 448.44								
数据光端机	根	2		2 614.94	298.89	2 913.83								
可变情报板电源	个	1		804.60	91.97	896.56								
可变情报板控制板	个	1		1 508.62	172.44	1 681.05								

续上表

单项工程项目名称	固定资产						流动资产				无形资产		递延资产	
	单位	数量	建筑工程(1栏)	设备投资(2栏)	待摊投资(3栏)	合计(4栏)=(1)+(2)+(3)	(5栏)				(6栏)		(7栏)	
			价值	价值	价值	价值	名称	单位	数量	价值	名称	价值	名称	价值
微波车辆检测器		1		19 109.17	2 184.19	21 293.36								
专用工具	米	1		1 005.75	114.96	1 120.70								
便携式计算机	米	1		8 649.41	988.63	9 638.05								
接地电阻测量仪	米	2		3 017.24	344.87	3 362.11								
进口组合工具	米	1		1 508.62	172.44	1 681.05								
数字型多用电表	付	3		905.17	103.46	1 008.63								
信息发布屏电源模块	只	2		1 609.19	183.93	1 793.13								
信息发布屏显示模块	米	2		603.45	68.97	672.42								
红、绿发光二极管灯束		100		5 028.73	574.79	5 603.52								
门式可变情报板电源	米	1		795.54	90.93	886.48								
收费站前信息发布屏电源	米	1		824.71	94.27	918.98								
门式可变情报板控制板	米	1		1 508.62	172.44	1 681.05								
收费站前屏控制板	米	1		1 508.62	172.44	1 681.05								
枪式一体化摄像机	个	5		125 718.22	14 369.67	140 087.89								
摄像机立柱	个	5		32 686.74	3 736.12	36 422.85								
摄像机基础	个	5		32 686.74	3 736.12	36 422.85								
摄像机配电箱	个	5		4 022.98	459.83	4 482.81								
太阳能电池板	个	5		100 574.57	11 495.74	112 070.31								
太阳能电源控制器	支	5		20 114.91	2 299.15	22 414.06								
太阳能电池	付	5		90 517.12	10 346.17	100 863.28								

续上表

单项工程项目名称	固定资产						流动资产				无形资产		递延资产	
	单位	数量	建筑工程(1栏)	设备投资(2栏)	待摊投资(3栏)	合计(4栏)=(1)+(2)+(3)	(5栏)				(6栏)		(7栏)	
			价值	价值	价值	价值	名称	单位	数量	价值	名称	价值	名称	价值
电池保温箱、电池箱	组	5		15 086.19	1 724.36	16 810.55								
电池组人井	套	5		17 600.55	2 011.75	19 612.31								
节点光端机远端机	米	5		55 316.02	6 322.66	61 638.67								
节点光端机中心机	米	1		15 086.19	1 724.36	16 810.55								
视频分配器	支	1		804.60	91.97	896.56								
视频防雷	支	5		1 257.18	143.70	1 400.88								
太阳能电池(12节)	个	21		380 171.89	43 453.90	423 625.79								
电池组保温箱、电池箱	只	21		63 361.98	7 242.32	70 604.30								
电池组人井	只	21		73 922.31	8 449.37	82 371.68								
全程监控旧太阳能电池组维修维护	支	47		104 419.54	11 935.22	116 354.76								
数据光端机 1:一路数据(内置中继)	支	1		8 548.84	977.14	9 525.98								
数据光端机 2:二路数据(内置中继)	把	9		85 991.26	9 828.86	95 820.12								
中继	把	5		27 658.01	3 161.33	30 819.34								
门式情报板版面(2m×11m)	个	9		3 307 495.46	378 048.90	3 685 544.36								
广场遥控摄像机	块	20		222 017.97	25 376.80	247 394.77								
摄像机立柱		20		121 642.74	13 903.84	135 546.58								
摄像机配电箱	米	20		20 197.59	2 308.60	22 506.18								

续上表

单项工程项目名称	固定资产						流动资产				无形资产		递延资产	
	单位	数量	建筑工程(1栏)	设备投资(2栏)	待摊投资(3栏)	合计 (4栏)=(1)+(2)+(3)	(5栏)				(6栏)		(7栏)	
			价值	价值	价值	价值	名称	单位	数量	价值	名称	价值	名称	价值
避雷针含引下线、绝缘管、接地系统	米	20		34 596.65	3 954.42	38 551.07								
广场摄像机基础	米	20		60 688.91	6 936.78	67 625.69								
通信手孔	个	40		215 056.20	24 581.06	239 637.26								
Φ50×2	套	2520		106 422.78	12 164.19	118 586.98								
PVC 电缆保护管 DN25	米	12613		228 077.99	26 069.46	254 147.46								
电缆沟挖填(硕路面)	个	909		87 334.94	9 982.44	97 317.38								
红外阵列摄像机	台	88		210 423.01	24 051.49	234 474.50								
视频同轴电缆(SYV75-5)	套	7805		34 538.78	3 947.81	38 486.59								
4 芯单模光缆	套	16		70 118.44	8 014.58	78 133.02								
16 芯单模光缆	套	1		13 466.20	1 539.20	15 005.40								
电源线 RVV-2×2.5	套	8939		101 046.42	11 549.67	112 596.09								
KVV-4×0.75	个	390		3 728.62	426.18	4 154.80								
U 型线槽 50×25	个	3902		42 624.00	4 871.95	47 495.95								
视频光端机 8 路	个	4		44 382.07	5 072.90	49 454.97								
视频光端机 4 路	个	10		70 865.65	8 099.99	78 965.64								
视频光端机(1 路视频+1 路反向数据)	个	20		77 142.71	8 817.46	85 960.17								
16 路数字硬盘录像机	米	8		103 891.44	11 874.86	115 766.30								
26″液晶监视器	米	10		52 013.15	5 945.14	57 958.28								

续上表

单项工程项目名称	单位	数量	固定资产				流动资产				无形资产		递延资产	
			建筑工程(1栏)	设备投资(2栏)	待摊投资(3栏)	合计 (4栏)=(1)+(2)+(3)	(5栏)				(6栏)		(7栏)	
			价值	价值	价值	价值	名称	单位	数量	价值	名称	价值	名称	价值
操作台	米	6		14 057.79	1 606.81	15 664.61								
网络机柜(标准2米)	米	6		9 733.37	1 112.53	10 845.90								
开关电源(12V/10A)	米	24		10 690.43	1 221.92	11 912.36								
控制矩阵32路入16路出	台	2		51 015.73	5 831.13	56 846.86								
视频分配器16路	台	8		23 907.58	2 732.65	26 640.23								
以太网交换机	台	2		9 318.58	1 065.12	10 383.70								
系统调试	台	4		68 658.24	7 847.68	76 505.92								
通信系统				5 114 832.72	584 628.73	5 699 461.45								
对程控交换设备的扩容	项	1		221 264.06	25 290.63	246 554.69								
传真机	部	9		9 775.85	1 117.39	10 893.23								
ALC模拟用户板	块	4		25 347.69	2 897.26	28 244.95								
30芯单模光缆	千米	86		1 032 619.27	118 029.06	1 150 648.33								
4芯单模光缆	千米	7		42 349.94	4 840.63	47 190.57								
16芯单模光缆	千米	53		317 896.12	36 335.73	354 231.85								
光缆接头盒	套	159		103 624.00	11 844.29	115 468.29								
光缆终端盒	套	59		3 524.74	402.88	3 927.62								
24芯单模光缆	千米	2		16 993.08	1 942.32	18 935.40								
挖沟	米	300		9 051.71	1 034.62	10 086.33								
蓄电池组(48V/200AH)	套	2		47 793.04	5 462.78	53 255.81								
蓄电池组(48V/100AH)	套	10		190 629.05	21 789.03	212 418.07								

续上表

单项工程项目名称	固定资产						流动资产				无形资产		递延资产	
	单位	数量	建筑工程(1栏)	设备投资(2栏)	待摊投资(3栏)	合计 (4栏)=(1)+(2)+(3)	(5栏)				(6栏)		(7栏)	
			价值	价值	价值	价值	名称	单位	数量	价值	名称	价值	名称	价值
敷设 Φ75.5×3.75 镀锌焊管	米	600		36 206.85	4 138.47	40 345.31								
敷设 12 芯 Φ40/33 硅芯管	米	13670		206 228.17	23 572.01	229 800.18								
通信人孔	个	27		146 637.73	16 760.79	163 398.52								
通信子管	米	5160		62 275.78	7 118.16	69 393.94								
SDH 系统光接口板 L4.1	块	2		130 746.95	14 944.46	145 691.41								
以太网接口板(4 路/板)	块	3		135 775.68	15 519.25	151 294.92								
2M 接口板(16 路/板)	块	2		14 669.81	1 676.77	16 346.58								
高频开关整流模块	块	2		10 046.60	1 148.33	11 194.93								
数字接口板	块	2		26 672.38	3 048.67	29 721.05								
接入网电源板	块	2		7 201.54	823.14	8 024.68								
模拟用户接口板(32 路/板)	块	2		36 206.85	4 138.47	40 345.31								
尾纤(20 米)	根	40		784.48	89.67	874.15								
通信系统通用工具箱	套	2		480.75	54.95	535.70								
光源	套	2		6 637.92	758.72	7 396.64								
数字式万用表	台	2		1 005.75	114.96	1 120.70								
系统管理员	项	2		4 022.98	459.83	4 482.81								
维护人员	项	2		2 011.49	229.91	2 241.41								
话务员	项	2		2 011.49	229.91	2 241.41								
国内工厂监造	项	2		4 022.98	459.83	4 482.81								
48 芯单模光缆	km	144		1 887 855.17	215 783.08	2 103 638.25								

续上表

单项工程项目名称	固定资产						流动资产				无形资产		递延资产	
	单位	数量	建筑工程(1栏)	设备投资(2栏)	待摊投资(3栏)	合计(4栏)=(1)+(2)+(3)	(5栏)				(6栏)		(7栏)	
			价值	价值	价值	价值	名称	单位	数量	价值	名称	价值	名称	价值
48芯光缆接头盒及熔接	套	85		128 232.58	14 657.07	142 889.65								
光纤配线单元(96芯)	台	10		137 078.12	15 668.12	152 746.24								
光纤数字配线柜	台	1		33 833.29	3 867.17	37 700.45								
光纤熔接	芯	708		39 163.74	4 476.44	43 640.18								
安阳北超限战机电设备改造	项	1		34 155.13	3 903.95	38 059.08								
收费系统				4 954 328.79	566 283.03	5 520 611.81								
车道控制机(含工控机、显示器、全车牌输入专用键盘、电源、接口板、机箱等设备)	套	89		1 450 084.22	165 745.58	1 615 829.79								
非接触式IC卡读写器	台	16		33 889.61	3 873.60	37 763.21								
票据打印机	台	6		52 137.86	5 959.39	58 097.25								
费额显示器(含语音模块)	台	6		29 979.27	3 426.65	33 405.92								
车辆检测器(含线圈)	套	10		5 431.03	620.77	6 051.80								
自动栏杆(含栏杆臂、机箱)	套	10		57 568.89	6 580.16	64 149.05								
手动栏杆(含支架)	套	10		9 232.75	1 055.31	10 288.05								
通信信号灯(含黄色闪光报警器、立柱等)	套	10		16 836.18	1 924.39	18 760.57								
雨棚信号灯(工、反向)	套	10		25 851.69	2 954.86	28 806.55								
雾灯(含立柱)	套	10		10 318.95	1 179.46	11 498.41								
收费员操作台(含座椅)	套	10		10 862.05	1 241.54	12 103.59								
伪钞识别器	台	6		2 281.03	260.72	2 541.75								

续上表

单项工程项目名称	固定资产						流动资产				无形资产		递延资产	
	单位	数量	建筑工程(1栏)	设备投资(2栏)	待摊投资(3栏)	合计 (4栏)=(1)+(2)+(3)	(5栏)				(6栏)		(7栏)	
			价值	价值	价值	价值	名称	单位	数量	价值	名称	价值	名称	价值
视频捕捉卡	个	10		5 431.03	620.77	6 051.80								
1P 双制空调(1 匹)	台	3		8 146.54	931.15	9 077.70								
计重系统	套	6		452 947.65	51 772.21	504 719.87								
广场以太网交换机	个	2		5 756.89	658.02	6 414.90								
收费亭配电箱	个	2		434.48	49.66	484.14								
单通道数据叠加器	个	2		1 303.45	148.98	1 452.43								
双通道数据叠加器	个	10		8 689.64	993.23	9 682.88								
广场配电箱	个	1		1 629.31	186.23	1 815.54								
IC 卡管理计算机	台	8		34 758.57	3 972.93	38 731.50								
图片查询计算机	台	9		43 991.32	5 028.24	49 019.56								
系统软件	套	9		14 663.77	1 676.08	16 339.85								
收费分中心图片查询计算机应用软件(暂定金额)	套	1		20 114.91	2 299.15	22 414.06								
收费站图片查询计算机、IC 卡管理计算机应用软件	套	9		271 551.35	31 038.50	302 589.85								
收费车道应用软件	套	89		167 386.26	19 132.36	186 518.62								
广场摄像机(含立柱、机箱、基础与接地、信号/电力管道)	套	2		43 448.22	4 966.16	48 414.38								
广场摄像机(更换)	套	2		9 558.61	1 092.56	10 651.16								
收费车道摄像机(含立柱)	套	10		38 017.19	4 345.39	42 362.58								
亭内摄像机	套	10		4 562.06	521.45	5 083.51								

续上表

单项工程项目名称	固定资产						流动资产				无形资产		递延资产	
	单位	数量	建筑工程(1栏)	设备投资(2栏)	待摊投资(3栏)	合计 (4栏)=(1)+(2)+(3)	(5栏)				(6栏)		(7栏)	
			价值	价值	价值	价值	名称	单位	数量	价值	名称	价值	名称	价值
单路视频光端机	对	4		2 868.39	327.86	3 196.25								
4 路视频复用光端机	台	44		238 965.19	27 313.88	266 279.07								
硬盘录像机	台	21		232 665.20	26 593.78	259 258.98								
内部对讲分机	个	10		2 063.79	235.89	2 299.68								
报警踏板	个	10		543.10	62.08	605.18								
电缆-VV3×4mm^2	km	1		18 422.24	2 105.67	20 527.92								
电缆-VV3×1.5mm^2	km	1		6 038.50	690.20	6 728.70								
双绞线-2×1.5	km	2		4 952.29	566.05	5 518.34								
电缆 RVV3×1.5	km	0		1 733.91	198.19	1 932.09								
视频电缆 SYV-75-5	km	4		8 472.40	968.40	9 440.80								
非五类双绞线(UTP)	km	1		2 129.16	243.36	2 372.53								
单模光纤(24 芯)	km	1		5 963.07	681.58	6 644.65								
防雷接地(接地电阻不大于 1 欧姆)	套	1		5 431.03	620.77	6 051.80								
单向收费岛	个	8		191 172.15	21 851.10	213 023.25								
双向收费岛	个	1		30 413.75	3 476.31	33 890.06								
单向收费岛增加费用	个	8		158 166.96	18 078.59	176 245.54								
双向收费岛增加费用	个	1		20 589.43	2 353.38	22 942.81								
原收费亭内设备拆除并移交	处	10		5 028.73	574.79	5 603.52								
原收费岛上设备拆除并移交	处	10		9 051.71	1 034.62	10 086.33								

续上表

单项工程项目名称	固定资产						流动资产				无形资产		递延资产	
	单位	数量	建筑工程(1栏)	设备投资(2栏)	待摊投资(3栏)	合计 (4栏)=(1)+(2)+(3)	(5栏)				(6栏)		(7栏)	
			价值	价值	价值	价值	名称	单位	数量	价值	名称	价值	名称	价值
收费亭拆除并吊装	个	8		16 091.93	1 839.32	17 931.25								
架空线缆敷设	米	800		45 862.01	5 242.06	51 104.06								
基础钢筋砼	立方米	43		25 673.16	2 934.46	28 607.61								
单人收费亭护栏	套	16		69 517.15	7 945.86	77 463.00								
双人收费亭护栏	套	2		15 206.88	1 738.16	16 945.03								
收费亭防撞柱	根	40		217 241.08	24 830.80	242 071.88								
电动栏杆基础	个	10		3 258.62	372.46	3 631.08								
车道摄像机基础	个	10		3 258.62	372.46	3 631.08								
通行信号灯基础	个	10		3 258.62	372.46	3 631.08								
雾灯基础	个	10		3 258.62	372.46	3 631.08								
广场摄像机基础	个	2		9 124.13	1 042.89	10 167.02								
手动栏杆基础	套	10		3 258.62	372.46	3 631.08								
车牌识别摄像机基础	个	10		3 258.62	372.46	3 631.08								
线缆转接手孔	个	18		29 327.55	3 352.16	32 679.70								
ϕ60×3.5 镀锌焊接钢管	米	900		49 784.41	5 690.39	55 474.81								
ϕ114×4.0 镀锌焊接钢管	米	2 240		168 965.29	19 312.84	188 278.13								
路肩人孔	个	4		26 068.93	2 979.70	29 048.63								
车道控制机	套	2		19 117.22	2 185.11	21 302.33								
车道控制机硬盘	块	2		1 520.69	173.82	1 694.50								
车道控制机主板	块	2		1 477.24	168.85	1 646.09								

续上表

单项工程项目名称	固定资产						流动资产				无形资产		递延资产	
	单位	数量	建筑工程(1栏)	设备投资(2栏)	待摊投资(3栏)	合计(4栏)=(1)+(2)+(3)	(5栏)				(6栏)		(7栏)	
			价值	价值	价值	价值	名称	单位	数量	价值	名称	价值	名称	价值
收费员键盘	块	4		21 724.11	2 483.08	24 207.19								
工作站硬盘	块	2		1 520.69	173.82	1 694.50								
进口套装工具	套	1		1 086.21	124.15	1 210.36								
数字式万用表	套	1		325.86	37.25	363.11								
高级人员和值班员	项	1		3 017.24	344.87	3 362.11								
维修技术人员	项	1		3 017.24	344.87	3 362.11								
收费员	项	1		1 761.66	201.36	1 963.02								
工厂监造	项	1		3 017.24	344.87	3 362.11								
激光打印机	台	8		56 321.76	6 437.61	62 759.38								
对讲光端机(10路)	对	3		54 310.27	6 207.70	60 517.97								
报警信号光端机	对	6		39 224.08	4 483.34	43 707.42								
UPS(15KVA)	台	2		67 384.96	7 702.15	75 087.11								
电缆 VV22-3×16	米	2049		121 572.58	13 895.83	135 468.41								
光电收发器	对	2		2 011.49	229.91	2 241.41								
单向收费亭	个	2		70 402.20	8 047.02	78 449.22								
收费广场网络机柜	个	1		4 525.86	517.31	5 043.16								
收费站 UPS 配电箱	个	1		1 508.62	172.44	1 681.05								
照明系统配电箱	个	1		4 525.86	517.31	5 043.16								
照明配电箱基础	个	1		1 005.75	114.96	1 120.70								
照明系统				9 532 303.64	1 089 548.55	10 621 852.19								

续上表

单项工程项目名称	固定资产						流动资产				无形资产		递延资产	
	单位	数量	建筑工程(1栏)	设备投资(2栏)	待摊投资(3栏)	合计 (4栏)=(1)+(2)+(3)	(5栏)				(6栏)		(7栏)	
			价值	价值	价值	价值	名称	单位	数量	价值	名称	价值	名称	价值
高杆灯基础	基	14		380 171.89	43 453.90	423 625.79								
低杆灯(12米;钢制)	基	8		36 783.26	4 204.35	40 987.61								
低杆灯基础	基	8		4 344.82	496.62	4 841.44								
电力电缆(YJV22-1kV-4×35+1×16)	米	3659		386 354.21	44 160.54	430 514.75								
电力电缆(YJV-1kV-3×4)	米	907		16 151.79	1 846.16	17 997.95								
绝缘导线(BV-0.5kV-2.5)	米	1971		22 476.50	2 569.08	25 045.58								
接地极镀锌 ϕ50 L=2500mm	根	60		4 236.20	484.20	4 720.40								
镀锌扁钢 -40×4	米	360		2 737.24	312.87	3 050.11								
收费广场照明配电箱改造(改造高杆灯出线回路)	项	5		5 431.03	620.77	6 051.80								
镀锌焊接钢管(Φ89×4.0)	米	884		52 811.31	6 036.37	58 847.67								
镀锌焊接钢管(Φ89×4.0)顶管	米	273		34 321.07	3 922.92	38 243.99								
人孔	个	46		224 844.52	25 699.88	250 544.39								
手孔	个	17		18 465.49	2 110.62	20 576.11								
电缆标石	块	128		3 475.86	397.29	3 873.15								
机制红砖	块	2515		1 365.90	156.12	1 522.03								
高杆灯(LED)	基	12		1 897 238.78	216 855.64	2 114 094.41								
基础素混凝土	立方米	197		82 753.76	9 458.81	92 212.56								
大功率LED路灯(160W)	套	372		2 431 893.21	277 966.99	2 709 860.20								

续上表

单项工程项目名称	固定资产						流动资产				无形资产		递延资产	
	单位	数量	建筑工程(1栏)	设备投资(2栏)	待摊投资(3栏)	合计 (4栏)=(1)+(2)+(3)	(5栏)				(6栏)		(7栏)	
			价值	价值	价值	价值	名称	单位	数量	价值	名称	价值	名称	价值
LED庭院柱灯(2×100W)	套	93		589 266.43	67 353.54	656 619.97								
柱型景观灯(1×150W)	套	44		243 390.47	27 819.69	271 210.16								
LED草坪灯(1×5W)	套	182		142 775.67	16 319.35	159 095.02								
电力电缆 vv3×6	m	15102		471 473.20	53 889.70	525 362.89								
焊接钢管 DN50(顶管)	m	350		15 840.50	1 810.58	17 651.07								
CPVC电缆保护管 DN25(含挖沟、回填)	m	15130		377 532.11	43 152.17	420 684.28								
综合配电箱(含照明控制器、断路器等)	套	4		21 241.35	2 427.90	23 669.25								
场区路灯、景观灯、庭院灯基础	个	317		172 163.56	19 678.41	191 841.96								
草坪灯基础	个	182		59 306.82	6 778.81	66 085.62								
高杆灯灯盘改造	套	16		283 218.00	32 372.00	315 590.01								
光伏组件	块	336		894 164.29	102 203.56	996 367.85								
直流防雷汇流箱	套	4		36 844.09	4 211.30	41 055.39								
直流防雷配电柜	套	1		21 419.97	2 448.32	23 868.29								
并网逆变器	套	2		212 896.26	24 334.18	237 230.44								
交流配电柜	套	1		38 429.95	4 392.57	42 822.52								
电力电缆1	米	1263		27 446.56	3 137.16	30 583.72								
电力电缆2	米	226		9 834.13	1 124.05	10 958.18								
电力电缆3	米	22		1 317.97	150.64	1 468.61								

续上表

单项工程项目名称	固定资产						流动资产				无形资产		递延资产	
	单位	数量	建筑工程(1栏)	设备投资(2栏)	待摊投资(3栏)	合计 (4栏)=(1)+(2)+(3)	(5栏)				(6栏)		(7栏)	
			价值	价值	价值	价值	名称	单位	数量	价值	名称	价值	名称	价值
电力电缆4	米	59		10 173.24	1 162.81	11 336.05								
通讯电缆1(RVV4×1)	米	84		945.11	108.03	1 053.13								
环境检测仪	套	1		35 062.71	4 007.69	39 070.40								
工控机	套	1		10 210.33	1 167.05	11 377.38								
多机版监控软件	套	1		15 554.46	1 777.89	17 332.35								
专用支架	套	336		153 285.31	17 520.61	170 805.92								
桥架	米	157		14 631.73	1 672.42	16 304.15								
基础系统	项	1		15 086.19	1 724.36	16 810.55								
防雷接地线1	米	50		1 629.31	186.23	1 815.54								
防雷接地线2	米	78		1 019.83	116.57	1 136.39								
项目勘察设计费	项	1		50 287.29	5 747.87	56 035.16								
服务区设备				36 747 288.32	4 200 239.14	40 947 527.46								
供水设备	项	4		1 623 171.20	185 529.53	1 808 700.73								
服务区中水处理	项	4		11 334 720.00	1 295 565.92	12 630 285.92								
太阳能热水系统	项	2		976 330.00	111 595.16	1 087 925.16								
供配电照明工程	项	3		11 997 538.46	1 371 326.51	13 368 864.97								
加油站设备	项	4		7 146 231.66	816 818.96	7 963 050.62								
空调设备	项	2		3 669 297.00	419 403.05	4 088 700.05								
					—	—								

交付单位　　　　年　月　日　　　　接收单位　　　　年　月　日

盖章　　　　盖章

基本建设项目交付使用资产明细表

绿　化

交建竣 5-2 表

绿化竣资表

单位：元

单项工程项目名称	建筑工程				待摊投资	合计	备　注
	地点	单位	数量	价值			
绿化			62 827 189.10	7 181 188.88	70 008 377.98		1
声屏障		延米	6 552.00	22 460 475.89	2 567 247.11	25 027 723.00	
中叶麦冬(36 丛/m^2,5~7 苗/丛)	主线中央分隔带	m^2	2 163.63	84 520.07	9 660.70	94 180.77	
鸢尾(36 丛/m^2,3~5 芽/丛)	主线中央分隔带	m^2	11 574.23	618 513.67	70 696.52	689 210.19	
蜀桧(高 2.2m)	主线中央分隔带	棵	3 333.00	585 061.94	66 872.96	651 934.91	
红叶李(地径 5.5~6cm)	主线中央分隔带	棵	3 820.00	670 548.04	76 644.08	747 192.12	
鸢尾(36 丛/m^2,3~5 芽/丛)(保留段)	主线迎国检	m^2	19 091.00	1 020 201.30	116 609.68	1 136 810.97	
河南桧(修剪后高 1.8~1.9、冠幅 1.1~1.1m)	主线迎国检	棵	55.00	9 654.49	1 103.51	10 758.00	
搭设、拆卸遮阴网(重载段)	主线迎国检	m	1 734.00	82 230.05	9 398.95	91 629.00	
雪松 H=5~6m	互通区	棵	109.00	91 199.23	10 424.13	101 623.36	
油松 D=10cm,H=5~6cm	互通区	棵	20.00	18 457.01	2 109.65	20 566.65	
白蜡 D=7~8cm	互通区	棵	18.00	4 696.93	536.86	5 233.79	
大叶女贞 胸径 8cm	互通区	棵	152.00	50 137.33	5 730.73	55 868.06	
栾树 D=8cm	互通区	棵	57.00	12 909.66	1 475.58	14 385.25	
白玉兰 D=3~4cm	互通区	棵	9.00	1 286.80	147.08	1 433.88	
楝树 D=8cm	互通区	棵	7.00	2 188.41	250.14	2 438.55	

续上表

单项工程项目名称	建筑工程				待摊投资	合计	备注
	地点	单位	数量	价值			
木槿 H=130cm,S=80~100cm	互通区	棵	628.00	34 183.15	3 907.16	38 090.30	
丁香 3~5 分枝	互通区	棵	86.00	5 170.53	590.99	5 761.52	
紫薇 D=4cm	互通区	棵	179.00	22 696.31	2 594.20	25 290.51	
五叶地锦 6 棵/m^2	互通区	m^2	2 931.85	74 600.80	8 526.92	83 127.73	
鸢尾 5~9 丛/m^2	互通区	m^2	10 154.05	231 057.13	26 409.98	257 467.11	
白三叶草坪 播种、海发	安阳服务区	m^2	51 244.50	705 495.22	80 638.57	786 133.79	
地被石竹	安阳服务区	m^2	511.10	27 039.53	3 090.64	30 130.17	
雪松 高 5.5~6m,冠 300cm,全冠,树形优美	安阳服务区	株	40.00	35 311.74	4 036.15	39 347.89	
法桐 胸径 10~12cm,干高 3m,树干挺直	安阳服务区	株	566.00	765 470.93	87 493.83	852 964.76	
楸树 胸径 12~15cm,高 3m,树干通直	安阳服务区	株	108.00	76 732.69	8 770.60	85 503.29	
大叶女贞 胸径 8~10cm,杆高 2m,树冠 3m 以上,全冠树形优美	安阳服务区	株	170.00	74 558.77	8 522.12	83 080.89	
黄山栾 胸径 10~12cm、杆高 3m	安阳服务区	株	100.00	59 434.80	6 793.44	66 228.24	
白玉兰 胸径 8~10cm,杆高 2m 树冠 3m 以上,全冠、树形优美	安阳服务区	株	55.00	66 764.49	7 631.23	74 395.72	
二乔玉兰 胸径 8~10cm,树冠 3m 以上,全冠、树形优美	安阳服务区	株	10.00	13 862.09	1 584.45	15 446.54	

续上表

单项工程项目名称	建筑工程				待摊投资	合计	备注
	地点	单位	数量	价值			
白蜡 胸径 10~12cm,干高 3m	安阳服务区	株	33.00	20 750.51	2 371.80	23 122.30	
龙爪槐胸径 6~7cm,杆高 180~200cm 冠 120cm 以上	安阳服务区	株	8.00	2 912.02	332.85	3 244.86	
五角枫胸径 8~10cm,杆高 250cm	安阳服务区	株	31.00	18 937.75	2 164.60	21 102.35	
合欢胸径 8~10cm,杆高 3m	安阳服务区	株	18.00	5 413.54	618.77	6 032.31	
垂柳胸径 20~25cm,半冠	安阳服务区	株	4.00	7 757.97	886.74	8 644.71	
国槐胸径 20~25cm,半冠	安阳服务区	株	28.00	83 255.55	9 516.16	92 771.72	
蜀桧高 3m 以上,冠 1.5m	安阳服务区	株	6.00	1 315.97	150.42	1 466.38	
造型红叶李 地径 20~25cm,冠 2 米	安阳服务区	株	25.00	100 179.34	11 450.56	111 629.90	
玫瑰红花色紫薇 地径 4~5cm,杆高 100~120cm	安阳服务区	株	406.00	124 172.41	14 192.99	138 365.40	
榆叶梅 地径 4~5cm,冠 100cm 以上	安阳服务区	株	165.00	41 936.02	4 793.31	46 729.33	
美人梅 地径 5~6cm,冠 100cm 以上	安阳服务区	株	94.00	19 094.83	2 182.55	21 277.39	
红叶碧桃 地径 4~5cm,冠 100cm 以上	安阳服务区	株	78.00	14 447.46	1 651.35	16 098.82	
紫叶矮樱 地径 4~5cm,冠 100cm 以上	安阳服务区	株	39.00	10 247.64	1 171.31	11 418.95	
日本晚樱 地径 6~7cm、杆高 80~100cm,冠 150cm 以上	安阳服务区	株	529.00	221 378.56	25 303.71	246 682.27	

续上表

单项工程项目名称	建筑工程				待摊投资	合计	备注
	地点	单位	数量	价值			
日本晚樱地径 8~10cm、杆高 80~100cm、冠 150cm 以上	安阳服务区	株	31.00	35 004.97	4 001.09	39 006.06	
西府海棠 地径 4~5cm，冠 80cm 以上	安阳服务区	株	101.00	25 670.21	2 934.12	28 604.34	
红宝石海棠 地径 4~5cm，冠 80cm 以上	安阳服务区	株	89.00	27 986.49	3 198.87	31 185.37	
枣树地径 5~6cm	安阳服务区	株	1 110.00	330 652.58	37 793.81	368 446.39	
山楂地径 5~6cm	安阳服务区	株	471.00	180 878.54	20 674.54	201 553.08	
石楠树地径 5~6cm，杆高 100cm 冠 150cm 以上	安阳服务区	株	96.00	36 866.29	4 213.84	41 080.14	
石榴树杆径 6~7cm、冠 150cm 以上	安阳服务区	株	261.00	109 225.12	12 484.50	121 709.62	
造型黄杨柱高 1.8~2m，冠 50cm 以上	安阳服务区	株	21.00	8 064.73	921.80	8 986.54	
凯特杏树地径 6~7cm 以上	安阳服务区	株	665.00	289 753.92	33 119.06	322 872.99	
棕榈棕高 150cm 以上，短柄	安阳服务区	株	12.00	2 843.85	325.05	3 168.90	
玫瑰红独杆木槿 地径 4~5cm 以上，杆高 80~100cm	安阳服务区	株	279.00	44 471.62	5 083.14	49 554.76	
连翘 6~8 分枝以上，高 80cm，16 株/m^2	安阳服务区	株	67 588.00	1 097 769.95	125 475.82	1 223 245.78	
红叶石楠 高 40~50cm，冠 25~30cm，25 株/m^2	安阳服务区	株	51 456.00	730 521.50	83 499.09	814 020.59	

续上表

单项工程项目名称	建筑工程				待摊投资	合计	备注
	地点	单位	数量	价值			
独杆红叶石楠球 地径 3～4cm，杆高 50～60cm，冠 120cm 以上	安阳服务区	株	361.00	120 055.17	13 722.38	133 777.56	
丁香 10 分枝以上，冠 100cm 以上	安阳服务区	株	125.00	13 572.74	1 551.37	15 124.12	
紫荆 4～5 分枝，冠 100cm 以上	安阳服务区	株	42.00	3 655.45	417.82	4 073.27	
凤尾兰 冠 60～80cm	安阳服务区	株	222.00	6 625.89	757.34	7 383.23	
小叶女贞球 冠 120～150cm	安阳服务区	株	105.00	21 258.62	2 429.87	23 688.49	
南天竹 高 50cm 以上，冠 25cm 以上，16 株/m^2	安阳服务区	株	39 400.00	291 358.87	33 302.51	324 661.38	
红帽月季 三年生，营养钵苗，16 株/m^2	安阳服务区	株	27 300.00	199 048.64	22 751.39	221 800.03	
早园竹干径 2cm，9 株/m^2	安阳服务区	株	2 380.00	44 722.67	5 111.83	49 834.50	
红王子锦带 3 分枝以上 16 株/m^2	安阳服务区	株	44 500.00	443 819.67	50 728.88	494 548.55	
棣棠 高 60cm 3 分枝以上，16 株/m^2	安阳服务区	株	28 400.00	454 541.53	51 954.39	506 495.92	
沙地柏 蔓长 50cm，9 株/m^2	安阳服务区	株	15 300.00	324 234.29	37 060.19	361 294.48	
贴梗海棠 4～6 分枝，冠 60cm，16 株/m^2	安阳服务区	株	11 800.00	262 653.63	30 021.48	292 675.11	
鸢尾（36 丛/m^2，3～5 芽/丛）	安阳服务区	m^2	4 400.00	235 130.99	26 875.63	262 006.61	
Upvc 塑料给水管 1.0MPa de75	安阳服务区	米	2 045.90	166 663.74	19 049.78	185 713.52	

续上表

单项工程项目名称	建筑工程				待摊投资	合计	备注
	地点	单位	数量	价值			
Upvc 塑料给水管 1.0MPa de63	安阳服务区	米	2 071.40	138 136.34	15 789.07	153 925.42	
Upvc 塑料给水管 1.0MPa de50	安阳服务区	米	1 397.20	78 557.79	8 979.21	87 537.00	
Upvc 塑料给水管 1.0MPa de25	安阳服务区	米	220.00	3 110.60	355.54	3 466.14	
截止阀 de25	安阳服务区	个	163.00	6 733.95	769.69	7 503.64	
银杏 D = 18 ~ 20cm 杆高 300cm 冠 350cm 以上	安阳服务区	株	14.00	198 463.28	22 684.48	221 147.76	
造型油松 H = 300cm 以上全冠	安阳服务区	株	50.00	48 993.03	5 599.94	54 592.97	
红玉兰 D=8~10cm 冠 300cm 以上	安阳服务区	株	67.00	74 129.75	8 473.08	82 602.83	
柿树 D=8~10cm	安阳服务区	株	90.00	33 986.88	3 884.72	37 871.60	
核桃树 d=7~8cm	安阳服务区	株	579.00	225 966.65	25 828.14	251 794.79	
矮化紫薇 3~5 分枝	安阳服务区	株	4 071.00	37 284.20	4 261.61	41 545.81	
白三叶草坪 播种、海发	鹤壁服务区	m^2	47 472.51	653 565.89	74 703.01	728 268.90	
雪松 高 5.5~6m，冠 300cm，全冠，树形优美	鹤壁服务区	株	18.00	15 890.01	1 816.24	17 706.25	
法桐 胸径 10~12cm，干高 3m 树干挺直	鹤壁服务区	株	245.00	331 343.17	37 872.74	369 215.91	
楸树 胸径 12~15cm，高 3m，树干通直	鹤壁服务区	株	357.00	253 644.17	28 991.70	282 635.87	

续上表

单项工程项目名称	建筑工程				待摊投资	合计	备　注
	地点	单位	数量	价值			
大叶女贞 胸径 8~10cm，杆高 2m，树冠 3m 以上，全冠树形优美	鹤壁服务区	株	190.00	83 330.39	9 524.72	92 855.11	
乌桕 胸径 13~15cm、杆高 3m	鹤壁服务区	株	40.00	49 094.40	5 611.52	54 705.92	
七叶树 胸径 6~7cm、杆高 5m	鹤壁服务区	株	160.00	61 001.51	6 972.51	67 974.02	
黄山栾 胸径 10~12cm、杆高 3m	鹤壁服务区	株	260.00	154 530.49	17 662.94	172 193.42	
白玉兰 胸径 8~10cm，杆高 2m，树冠 3m 以上，全冠、树形优美	鹤壁服务区	株	159.00	193 011.21	22 061.31	215 072.51	
白蜡 胸径 10~12cm，干高 3m	鹤壁服务区	株	62.00	38 985.47	4 456.06	43 441.54	
五角枫 胸径 8~10cm，杆高 250cm	鹤壁服务区	株	26.00	15 881.98	1 815.32	17 697.30	
垂柳 胸径 20~25cm，半冠	鹤壁服务区	株	5.00	9 697.83	1 108.47	10 806.30	
造型红叶李 地径 20~25cm，冠 2m	鹤壁服务区	株	3.00	12 021.52	1 374.07	13 395.59	
玫瑰红花色紫薇 地径 4~5cm，杆高 100~120cm	鹤壁服务区	株	670.00	204 915.06	23 421.93	228 336.99	
榆叶梅 地径 4~5cm，冠 100cm 以上	鹤壁服务区	株	460.00	116 910.48	13 362.94	130 273.42	
红叶碧桃 地径 4~5cm，冠 100cm 以上	鹤壁服务区	株	330.00	61 125.25	6 986.66	68 111.91	
绿叶碧桃 地径 4~5cm，冠 100cm 以上	鹤壁服务区	株	130.00	24 080.09	2 752.37	26 832.46	

续上表

单项工程项目名称	建筑工程				待摊投资	合计	备注
	地点	单位	数量	价值			
日本晚樱 地径6~7cm、杆高80~100cm,冠150cm以上	鹤壁服务区	株	143.00	59 843.82	6 840.19	66 684.01	
山楂 地径5~6cm	鹤壁服务区	株	200.00	76 806.14	8 778.99	85 585.13	
石楠树 地径5~6cm,杆高100cm,冠150cm以上	鹤壁服务区	株	128.00	49 156.05	5 618.57	54 774.61	
石榴树 杆径6~7cm、冠150cm以上	鹤壁服务区	株	481.00	201 292.30	23 007.84	224 300.15	
凯特杏树 地径6~7cm以上	鹤壁服务区	株	354.00	154 245.06	17 630.31	171 875.37	
玫瑰红独杆木槿 地径4~5cm以上,杆高80~100cm	鹤壁服务区	株	670.00	106 796.51	12 206.91	119 003.42	
连翘 6~8分枝以上 高80cm,16株/m^2	鹤壁服务区	株	30 000.00	487 262.83	55 694.46	542 957.29	
红叶石楠 高40~50cm,冠25~30cm,25株/m^2	鹤壁服务区	株	70 800.00	1 005 148.52	114 889.13	1 120 037.65	
独杆红叶石楠球 地径3~4cm,杆高50~60cm 冠120cm以上	鹤壁服务区	株	156.00	51 879.86	5 929.90	57 809.76	
小叶女贞球 冠120~150cm	鹤壁服务区	株	157.00	31 786.19	3 633.18	35 419.38	
南天竹高50cm以上,冠25cm以上,16株/m^2	鹤壁服务区	株	13 950.00	103 158.79	11 791.12	114 949.90	
红帽月季 三年生,营养钵苗,16株/m^2	鹤壁服务区	株	32 708.00	238 478.70	27 258.27	265 736.97	
红王子锦带 3分枝以上,16株/m^2	鹤壁服务区	株	26 400.00	263 299.76	30 095.34	293 395.09	

续上表

单项工程项目名称	建筑工程				待摊投资	合计	备注
	地点	单位	数量	价值			
棣棠 高 60cm 3 分枝以上,16 株/m^2	鹤壁服务区	株	2 750.00	44 013.70	5 030.80	49 044.50	
沙地柏 蔓长 50cm,9 株/m^2	鹤壁服务区	株	14 737.00	312 303.31	35 696.47	347 999.79	
贴梗海棠 4~6 分枝,冠 60cm,16 株/m^2	鹤壁服务区	株	2 420.00	53 866.25	6 156.95	60 023.20	
鸢尾(36 丛/m^2,3~5 芽/丛)	鹤壁服务区	m^2	4 439.75	237 255.18	27 118.42	264 373.61	
银杏 D=18~20cm 杆高 300cm 冠 350cm 以上	鹤壁服务区	株	14.00	198 463.28	22 684.48	221 147.76	
造型油松 H=300cm 以上全冠	鹤壁服务区	株	128.00	125 419.79	14 335.56	139 755.36	
红玉兰 D=8~10cm 冠 300cm 以上	鹤壁服务区	株	13.00	14 383.74	1 644.07	16 027.81	
核桃树 d=7~8cm	鹤壁服务区	株	284.00	110 835.99	12 668.63	123 504.62	
高杆红叶石楠树 D=8~10cm 杆高 180~200cm	鹤壁服务区	株	30.00	58 776.82	6 718.23	65 495.05	
大叶女贞 A 胸径 18~20cm 杆高 2m	鹤壁服务区	株	20.00	33 869.81	3 871.34	37 741.15	
元宝枫 D=12~15cm	鹤壁服务区	株	27.00	39 015.11	4 459.45	43 474.56	
白皮松 H=300cm 以上 全冠	鹤壁服务区	株	25.00	51 632.37	5 901.61	57 533.99	
大花萱草 3~5 芽/丛 36 丛/m^2	鹤壁服务区	m^2	540.30	27 359.71	3 127.23	30 486.94	
花椒树 H=150cm	鹤壁服务区	株	270.00	6 081.89	695.16	6 777.06	
水井 口径 50cm 深 30~35m 混凝土井壁、含潜水泵	鹤壁服务区	个	2.00	32 009.97	3 658.76	35 668.73	

续上表

单项工程项目名称	建筑工程				待摊投资	合计	备注
	地点	单位	数量	价值			
PPR 给水管 1.0MPa de75	鹤壁服务区	米	4 330.50	649 969.78	74 291.97	724 261.75	
PPR 给水管 1.0MPa de50	鹤壁服务区	米	244.00	20 065.51	2 293.50	22 359.01	
PPR 截止阀 de75	鹤壁服务区	个	7.00	2 117.70	242.05	2 359.75	
PPR 截止阀 de50	鹤壁服务区	个	165.00	32 467.89	3 711.10	36 178.99	
白三叶草坪 播种、海发	互通	m^2	40 401.00	556 210.65	63 575.24	619 785.89	
法桐 胸径 10~12cm,干高 3m 树干挺直	互通	株	278.00	375 973.36	42 974.00	418 947.36	
大叶女贞胸径 8~10cm,杆高 2m,树冠 3m 以上,全冠树形优美	互通	株	80.00	35 086.48	4 010.41	39 096.89	
黄山栾 胸径 10~12cm、杆高 3m	互通	株	213.00	126 596.13	14 470.02	141 066.15	
白蜡 胸径 10~12cm,干高 3m	互通	株	70.00	44 016.67	5 031.13	49 047.80	
玫瑰红花色紫薇 地径 4~5cm,杆高 100~120cm	互通	株	2 110.00	645 329.52	73 761.59	719 091.11	
玫瑰红独杆木槿 地径 4~5cm 以上,杆高 80~100cm	互通	株	130.00	20 721.71	2 368.51	23 090.22	
连翘 6~8 分枝以上,高 80cm,16 株/m^2	互通	株	45 584.00	740 380.16	84 625.94	825 006.09	
红叶石楠 高 40~50cm,冠 25~30cm,25 株/m^2	互通	株	69 720.00	989 815.75	113 136.59	1 102 952.33	
独杆红叶石楠球 地径 3~4cm,杆高 50~60cm 冠 120cm 以上	互通	株	670.00	222 817.08	25 468.14	248 285.22	

续上表

单项工程项目名称	建筑工程				待摊投资	合计	备注
	地点	单位	数量	价值			
红王子锦带 3 分枝以上，16 株/m^2	互通	株	2 880.00	28 723.61	3 283.13	32 006.74	
沙地柏 蔓长 50cm，9 株/m^2	互通	株	23 300.00	493 768.56	56 438.07	550 206.62	
鸢尾（36 丛/m^2，3～5 芽/丛）	互通	m^2	6 643.00	354 994.35	40 576.09	395 570.44	
造型油松 H = 300cm 以上全冠	互通	株	358.00	350 784.78	40 094.93	390 879.71	
柳树 D = 7～8cm	互通	株	290.00	68 212.35	7 796.72	76 009.07	
火炬树 D = 5～6cm	互通	株	154.00	21 388.70	2 444.74	23 833.45	
蜀桧（高 2.2m）	互通		28.00	4 915.60	561.86	5 477.46	
紫穗槐 2～3 年生 9 株/m^2	互通	株	23 940.00	792 217.33	90 550.96	882 768.29	
大叶黄杨 H = 60cm	互通		784.00	4 926.22	563.07	5 489.28	
水井口径 50cm 深 30～35m 混凝土井壁、含潜水泵	互通	个	4.00	64 019.93	7 317.52	71 337.45	
PPR 给水管 1.0MPa de75	互通	米	2 840.00	426 258.65	48 721.64	474 980.29	
PPR 给水管 1.0MPa de50	互通	米	70.00	5 755.87	657.90	6 413.77	
PPR 截止阀 de75	互通	个	8.00	2 421.49	276.78	2 698.27	
PPR 截止阀 de50	互通	个	70.00	13 774.66	1 574.45	15 349.11	
中叶麦冬（36 丛/m^2，5～7 苗/丛）	主线中央分隔带	m^2	14 437.08	563 969.67	64 462.10	628 431.78	
鸢尾（36 丛/m^2，3～5 芽/丛）	主线中央分隔带	m^2	16 117.63	861 307.79	98 448.04	959 755.83	
蜀桧（高 2.2m）	主线中央分隔带	棵	5 301.00	930 516.39	106 358.63	1 036 875.03	
红叶李（地径 5.5～6cm）	主线中央分隔带	棵	4 984.00	874 872.40	99 998.49	974 870.89	
石楠树 A 修剪后高 1.7～1.9m 冠 1.2～1.5m 以上	主线迎国检	株	778.00	333 698.77	38 141.99	371 840.76	

续上表

单项工程项目名称	建筑工程				待摊投资	合计	备　注
	地点	单位	数量	价值			
石楠树 B 修剪后高 1.6~1.8m,冠 1.0~1.5m 以上	主线迎国检		4 417.00	1 590 092.13	181 748.57	1 771 840.70	
石楠树 C 修剪后高 1.2~1.3m,冠 0.9~1.0m 以上	主线迎国检	株	3 004.00	770 911.14	88 115.65	859 026.79	
大叶黄杨	主线迎国检	m	21 219.00	1 499 000.06	171 336.69	1 670 336.75	
鸢尾(36 丛/m^2,3~5 芽/丛)	主线迎国检	m^2	15 360.50	820 848.17	93 823.48	914 671.66	
狗牙根	主线迎国检	m^2	36 644.50	471 911.38	53 939.78	525 851.16	
挖除树木、平整土地(改造段)	主线迎国检	m	7 581.00	348 834.54	39 872.02	388 706.56	
遮阴网搭设、拆卸(宽 4m)	主线迎国检	m	7 535.00	357 326.07	40 842.60	398 168.68	
法桐 胸径 10~12cm,干高 3m,树干挺直	安阳收费站	株	39.00	52 743.83	6 028.65	58 772.48	
大叶女贞 胸径 8~10cm,杆高 2m,树冠 3m 以上,全冠树形优美	安阳收费站	株	18.00	7 894.31	902.32	8 796.63	
柳树 D=7~8cm	安阳收费站	株	142.00	33 400.38	3 817.69	37 218.07	
石榴树 杆径 6~7cm,冠 150cm 以上	安阳收费站	株	45.00	18 832.53	2 152.57	20 985.10	
凯特杏树 地径 6~7cm 以上	安阳收费站	株	53.00	23 093.12	2 639.56	25 732.67	
独杆红叶石楠球 地径 3~4cm,杆高 50~60cm,冠 120cm 以上	安阳收费站	株	24.00	7 981.74	912.32	8 894.06	
杨树 D=5cm H=3m 以上	安阳收费站	棵	350.00	13 579.04	1 552.09	15 131.14	
侧柏 H=2.5m	安阳收费站	棵	300.00	35 948.97	4 108.99	40 057.96	
北海道黄杨 H=1.5m	安阳收费站	棵	3 000.00	19 650.56	2 246.07	21 896.64	
高羊茅、狗牙根、黑皮草混播	主线种植(试验段)	m^2	6 154.00	79 251.34	9 058.48	88 309.82	

续上表

单项工程项目名称	建筑工程				待摊投资	合计	备注
	地点	单位	数量	价值			
红花酢浆草(多年生)	主线种植(试验段)	m^2	2 286.54	81 663.95	9 334.24	90 998.19	
蜀桧(高 2.2m)	主线种植(试验段)	棵	570.00	100 056.34	11 436.51	111 492.84	
木槿(地径 3~4cm,高 1.2m)	主线种植(试验段)	棵	1 431.00	103 149.15	11 790.02	114 939.17	
火棘(高 1m,冠 1m)	主线种植(试验段)	棵	1 596.00	99 408.73	11 362.48	110 771.21	
法青(高 1.2m;冠 0.4m)	主线种植(试验段)	棵	2 526.00	256 385.01	29 304.98	285 689.99	
紫薇(高 1.2m,胸径 3~4m)	主线种植(试验段)	棵	1 343.00	162 643.23	18 590.23	181 233.46	
石楠(高 1m,冠 1m)	主线种植(试验段)	棵	727.00	187 808.11	21 466.59	209 274.70	
小叶女贞(高 0.7m;36 株/m^2)	主线种植(试验段)	m^2	8 002.89	1 197 249.81	136 846.44	1 334 096.25	
石楠树 A 修剪后高 1.7~1.9m 冠 1.2~1.5m 以上	主线种植(试验段)		1 582.00	678 549.44	77 558.65	756 108.08	
挖除树木、平整土地	国检种植(试验段)	m	1 935.00	89 038.09	10 177.11	99 215.21	
遮阴网搭设、拆卸(宽 4m)	国检种植(试验段)	m	1 935.00	91 761.90	10 488.45	102 250.35	
中叶麦冬(36 丛/m^2,3~5 芽/丛)	中央分隔带	m^2	18.45	720.22	82.32	802.55	
鸢尾(36 丛/m^2,3~5 芽/丛)	中央分隔带	m^2	2 696.50	144 098.20	16 470.52	160 568.72	
石楠 B 修剪后高 1.6~1.8m 冠 1.0~1.6m 以上	中央分隔带	棵	1 215.00	437 392.48	49 994.25	487 386.73	
石楠 C 修剪后高 1.2~1.3m 冠 0.9~1.1m 以上	中央分隔带	棵	2 233.00	573 051.02	65 500.11	638 551.13	
黄杨绿篱(高 0.6m,10 株/m)	中央分隔带	m	5 305.00	374 767.06	42 836.12	417 603.18	
黄杨绿球篱(高 0.6m,10 株/m)	中央分隔带	m	313.00	57 908.40	6 618.97	64 527.37	

交付单位　　　　年　月　日　　　　接收单位　　　　年　月　日

盖章　　　　盖章

基本建设项目交付使用资产明细表

房屋建筑物

交建竣 5-2 表
房建竣资表
单位:元

单项工程项目名称	固定资产						流动资产				无形资产		递延资产	
	建筑工程(1栏)				待摊投资(2栏)	合计 (3栏)=(1)+(2)	(4栏)				(5栏)		(6栏)	
	结构	单位	面积	价值(元)	价值(元)	价值(元)	名称	单位	数量	价值	名称	价值	名称	价值
合计				283 855 134.89	32 444 827.92	316 299 962.81								
安阳服务区综合楼(一)旧楼改造工程				1 857 891.28	212 358.19	2 070 249.47								
安阳服务区综合楼(一)(不含旧楼)				7 534 090.43	861 151.47	8 395 241.90								
安阳服务区综合楼(二)旧楼改造工程				2 042 843.08	233 498.30	2 276 341.38								
安阳服务区综合楼(二)(不含旧楼)				6 046 345.89	691 101.30	6 737 447.18								
安阳服务区→室外工程				14 379 827.06	1 643 623.66	16 023 450.72								
加油站				4 361 718.87	498 547.33	4 860 266.20								
维修车库 $224m^2 \times 2$				2 089 354.40	238 814.58	2 328 168.97								
双侧综合机房				1 428 543.37	163 283.44	1 591 826.82								
职工宿舍楼				6 498 488.87	742 781.54	7 241 270.41								
双侧小厕所				568 738.85	65 007.22	633 746.07								
拆除工程				5 910 545.62	675 579.24	6 586 124.86								
服务区中水处理设备基础				817 898.48	93 486.33	911 384.81								
服务区加油机设备基础				894 171.17	102 204.35	996 375.52								
服务区加油大棚装饰				3 319 545.46	379 426.22	3 698 971.68								

续上表

单项工程项目名称	固定资产						流动资产				无形资产		递延资产	
	建筑工程(1栏)				待摊投资(2栏)	合计(3栏)=(1)+(2)	(4栏)				(5栏)		(6栏)	
	结构	单位	面积	价值(元)	价值(元)	价值(元)	名称	单位	数量	价值	名称	价值	名称	价值
增建西门卫房接建工程				224 508.34	25 661.45	250 169.79								
增建化粪池工程				221 749.39	25 346.10	247 095.49								
安阳服务区路基土方				20 098 402.12	2 297 260.53	22 395 662.66								
安阳服务区路面				44 166 314.72	5 048 238.71	49 214 553.43								
鹤壁服务区				9 597 385.21	1 096 987.42	10 694 372.63								
鹤壁服务区桥梁、涵洞				1 056 385.13	120 745.51	1 177 130.64								
鹤壁服务区照明系统				3 688.76	421.63	4 110.38								
鹤壁服务区服务区生活设施				50 332.74	5 753.07	56 085.81								
鹤壁服务区绿化				828 525.47	94 701.00	923 226.48								
鹤壁服务区综合楼(一)				13 917 164.86	1 590 741.06	15 507 905.92								
鹤壁服务区综合楼(二)				3 094 758.19	353 732.89	3 448 491.08								
鹤壁服务区室外工程				22 700 332.81	2 594 662.92	25 294 995.73								
加油站				3 088 663.36	353 036.25	3 441 699.60								
维修车库				1 573 290.18	179 828.10	1 753 118.27								
员工宿舍楼				5 244 276.20	599 424.21	5 843 700.40								
餐厅				956 701.11	109 351.56	1 066 052.67								
综合机房(东西区)				1 412 531.69	161 453.30	1 573 984.99								
变更、签证工程				9 081 469.56	1 038 017.92	10 119 487.49								
其他工程				11 798 379.03	1 348 562.45	13 146 941.48								
鹤壁路基				15 290 510.39	1 747 715.36	17 038 225.75								
鹤壁路面				36 543 500.49	4 176 946.05	40 720 446.54								
鹤壁桥涵				269 764.42	30 834.25	300 598.66								
鹤壁止水带				3 688.76	421.63	4 110.38								

续上表

单项工程项目名称	固定资产						流动资产				无形资产		递延资产	
	建筑工程(1栏)				待摊投资(2栏)	合计 (3栏)=(1)+(2)	(4栏)				(5栏)		(6栏)	
	结构	单位	面积	价值(元)	价值(元)	价值(元)	名称	单位	数量	价值	名称	价值	名称	价值
鹤壁绿化				17 955.44	2 052.32	20 007.76								
接待大厅				996 047.22	113 848.85	1 109 896.07								
卫生间				174 899.26	19 991.10	194 890.36								
包间 1				229 039.41	26 179.36	255 218.77								
包间 2				260 929.52	29 824.42	290 753.93								
包间 2 卫生间				81 068.18	9 266.15	90 334.33								
超市仓库				627 701.10	71 746.65	699 447.75								
公装立面				2 336 958.26	267 115.86	2 604 074.12								
公共卫生间				454 334.17	51 930.69	506 264.86								
C.2 电气设备安装工程				1 498 049.96	171 228.09	1 669 278.06								
C.9 通风空调工程				8 164.78	933.24	9 098.02								
消防安装工程				577 824.75	66 045.75	643 870.50								
大厅				311 163.00	35 566.13	346 729.13								
墙面				1 329 989.68	152 018.69	1 482 008.37								
特色小吃区				393 266.04	44 950.57	438 216.61								
墙面				986 002.12	112 700.69	1 098 702.81								
顶面				317 903.85	36 336.62	354 240.46								
自助火锅区墙面				43 853.17	5 012.45	48 865.62								
自助火锅区顶面				44 311.84	5 064.87	49 376.72								
就餐区(现设计为自助火锅区、自选就餐区)				1 133 477.26	129 557.19	1 263 034.45								
餐包地面				52 606.50	6 012.96	58 619.45								
餐包墙面				137 072.00	15 667.42	152 739.42								

续上表

单项工程项目名称	固定资产						流动资产				无形资产		递延资产	
	建筑工程(1栏)				待摊投资(2栏)	合计(3栏)=(1)+(2)	(4栏)				(5栏)		(6栏)	
	结构	单位	面积	价值(元)	价值(元)	价值(元)	名称	单位	数量	价值	名称	价值	名称	价值
餐包顶面				40 943.70	4 679.89	45 623.59								
后厨(1)(现设计为休闲餐区)				622 332.84	71 133.05	693 465.89								
后厨(2)(现在的后厨部分)				1 150 572.18	131 511.15	1 282 083.34								
超市				934 437.13	106 806.78	1 041 243.91								
卫生间入口(现设计为热水供应区)				421 524.44	48 180.52	469 704.96								
卫生间				966 739.71	110 498.98	1 077 238.70								
其他工程				45 707.25	5 224.37	50 931.62								
电气工程				1 564 795.55	178 857.16	1 743 652.71								
给排水				586 764.25	67 067.54	653 831.78								
消防				307 283.70	35 122.73	342 406.43								
消火栓系统				148 747.09	17 001.89	165 748.98								
自动报警				470 535.94	53 782.57	524 318.50								
空调通风				1 351 186.67	154 441.52	1 505 628.19								
西区大厅入口处门厅				101 257.18	11 573.76	112 830.94								
综合楼周边门厅				266 685.47	30 482.32	297 167.79								
西区泵房改造及场区管道、$200m^3$ 消防水池、$150m^3$ 中水池和潜污泵				1 440 347.70	164 632.69	1 604 980.38								
东区泵房改造及场区管道、$200m^3$ 消防水池、$150m^3$ 中水池和潜污泵				1 429 595.20	163 403.67	1 592 998.87								

续上表

单项工程项目名称	固定资产						流动资产				无形资产		递延资产	
	建筑工程(1栏)				待摊投资(2栏)	合计(3栏)=(1)+(2)	(4栏)				(5栏)		(6栏)	
	结构	单位	面积	价值(元)	价值(元)	价值(元)	名称	单位	数量	价值	名称	价值	名称	价值
后厨、卫生间改造、屋面维修				124 195.96	14 195.68	138 391.65								
大厅水景、天井封闭				222 937.51	25 481.90	248 419.41								
超市货架				55 018.70	6 288.67	61 307.38								
旗杆工程				29 509.45	3 372.95	32 882.40								
自选餐区、明档区、水景及配电室增加电器电源、配电柜等				39 398.62	4 503.29	43 901.91								
东西区冷媒管				35 667.21	4 076.79	39 743.99								
东区二层自动喷水灭火系统及室外管网敷设				296 723.83	33 915.73	330 639.55								
西区二层自动喷水灭火系统及室外管网敷设				217 284.35	24 835.74	242 120.09								

交付单位　　　　年　月　日　　　　接收单位　　　　年　月　日

盖章　　　　　　　　　　　　　　盖章

基本建设项目交付使用资产明细表

车　辆

交建竣 5-2 表

车辆竣资表

单位:元

序号	车辆名称	规格型号	购置时间	计量单位	数量	竣工决算值			存放地点	车辆牌号	备注
						原值	累计折旧	净值			
	合计					4 587 121.70		4 587 121.70			
1	帕萨特轿车	帕萨特 SVW7183HJ	2005.06.21	辆	1	228 552.00		228 552.00		豫 A-AW150	
2	帕拉丁多用途车	ZN6452WAG	2005.06.21	辆	1	236 632.00		236 632.00		豫 A-AW350	
3	帕拉丁多用途车	ZN6452WAG	2005.06.21	辆	1	238 612.00		238 612.00		豫 A-AW360	
4	普拉多	SCT6490	2005.06.21	辆	1	484 802.00		484 802.00		豫 A-AQ383	
5	普拉多	SCT6490	2005.06.21	辆	1	493 302.00		493 302.00		豫 A-AW320	
6	帕拉丁多用途乘用车	ZN6452WAG	2005.06.30	辆	1	250 835.00		250 835.00		豫 A-AW120	
7	帕萨特	帕萨特 SVW7183HJI	2005.07.15	辆	1	227 153.00		227 153.00		豫 A-AK065	
8	帕萨特轿车	帕萨特 SVW7183FJI	2005.11.30	辆	1	229 637.00		229 637.00		豫 GC-9026	
9	帕萨特轿车	帕萨特 SVW7183FJI	2005.11.30	辆	1	229 637.00		229 637.00		豫 GC-9028	
10	北京现代 BH6431BW 轻型客车	北京现代 BW6431	2006.04.30	辆	1	251 836.70		251 836.70		豫 GE9336	
11	思威 DHW6463	东风本田 CR-VDHW6463	2006.08.30	辆	1	255 670.00		255 670.00		豫 AFH667	
12	东风雪铁龙	东风雪铁龙 DC7205	2006.09.30	辆	1	194 082.00		194 082.00		豫 GF0100	
13	帕萨特		2007.07.30	辆	1	196 665.00		196 665.00		豫 AKN778	
14	越野车	20XFOR	2008.07.27	辆	1	219 076.00		219 076.00		豫 GHD996	
15	越野车	20XFOR	2008.07.27	辆	1	219 076.00		219 076.00		豫 GHD997	
16	越野车	20XFOR	2008.07.27	辆	1	219 076.00		219 076.00		豫 GDE996	
17	三菱帕杰罗	三菱帕杰罗 V73CFA2031H	2008.09.30	辆	1	412 478.00		412 478.00		豫 O0186 警	
		合计			41	4 587 121.70		4 587 121.70			

交付单位　　　　年　月　日　　　　接收单位　　　　年　月　日

盖章　　　　盖章

基本建设项目交付使用资产明细表

办公设备

交建竣 5-2 表

电子设备竣资表

单位：元

序号	设 备 名 称	规格型号	生产厂家	放置地点	计量单位	数量	购置日期	竣工决算值			备注
								原值	累计折旧	净值	
	合计							433 466.00		433 466.00	
1	笔记本电脑	东芝 A50		合同处	台	1	2005.01.06	11 200.00		11 200.00	
2	笔记本电脑	东芝 A50		李全龙	台	1	2005.01.06	11 200.00		11 200.00	
3	笔记本电脑	东芝 A50		周洪文	台	1	2005.01.06	11 200.00		11 200.00	
4	笔记本电脑	东芝 A50		合同处	台	1	2005.01.06	11 200.00		11 200.00	
5	复印机	理光 2027		综合处	台	1	2005.01.11	34 000.00		34 000.00	
6	电脑	联想 LXH-WG19L		李总办公室	台	1	2005.01.14	9 890.00		9 890.00	
7	传真机	理光 315		综合处	台	1	2005.03.12	2 600.00		2 600.00	
8	电脑	联想		质监处	台	1	2005.04.26	7 700.00		7 700.00	
9	电脑	联想		质监处	台	1	2005.04.26	7 700.00		7 700.00	
10	电脑	联想		工程处	台	1	2005.04.26	8 000.00		8 000.00	
11	电脑	联想		工程处	台	1	2005.04.26	8 000.00		8 000.00	
12	打印机	HP5100		综合处	台	1	2005.05.28	7 100.00		7 100.00	
13	打印机	HP3700		综合处	台	1	2005.05.28	15 200.00		15 200.00	
14	联想电脑	联想		合同处	台	1	2005.05.28	6 900.00		6 900.00	
15	联想电脑	联想		财务处	台	1	2005.05.28	6 900.00		6 900.00	
16	联想电脑	联想		财务处	台	1	2005.05.28	6 900.00		6 900.00	
17	联想电脑	联想		综合处	台	1	2005.05.28	6 900.00		6 900.00	
18	联想电脑	联想		综合处	台	1	2005.05.28	6 900.00		6 900.00	
19	联想电脑	联想		工程处	台	1	2005.05.28	6 900.00		6 900.00	

续上表

序号	设备名称	规格型号	生产厂家	放置地点	计量单位	数量	购置日期	竣工决算值			备注
								原值	累计折旧	净值	
20	联想电脑	联想		合同处	台	1	2005.05.28	6 900.00		6 900.00	
21	IBM 笔记本电脑	IBM		熊庆星	台	1	2005.08.30	14 500.00		14 500.00	
22	IBM 笔记本电脑	IBM		孙玉琦	台	1	2005.09.30	12 000.00		12 000.00	
23	联想电脑	联想		保通处	台	1	2005.11.30	6 770.00		6 770.00	
24	联想电脑	联想		质监处	台	1	2005.11.30	6 770.00		6 770.00	
25	联想电脑	联想		工程处	台	1	2005.11.30	6 770.00		6 770.00	
26	联想台式电脑	联想		邢晓立办	台	1	2006.09.30	6 200.00		6 200.00	
27	IBM 笔记本电脑	IBM		综合处	台	1	2006.09.30	23 000.00		23 000.00	
28	理光传真机	SL350		综合处	台	1	2006.11.30	2 950.00		2 950.00	
29	联想电脑	扬天 M3120C		邓鹏举	台	1	2007.04.05	7 565.00		7 565.00	
30	联想电脑	扬天 M3120C		工程处	台	1	2007.04.05	7 565.00		7 565.00	
31	联想电脑			白玉寒	台	1	2007.06.25	6 360.00		6 360.00	
32	联想电脑			戴美芳	台	1	2007.06.25	6 360.00		6 360.00	
33	联想电脑	联想		保通处	台	1	2007.11.30	6 470.00		6 470.00	
34	联想电脑	联想		顾问张森	台	1	2007.12.30	6 520.00		6 520.00	
35	联想电脑	联想		质监处	台	1	2007.12.30	7 280.00		7 280.00	
36	联想电脑	联想电脑		综合处	台	1	2008.09.30	6 400.00		6 400.00	
37	IBM 笔记本电脑	IBM		李总办公室	台	1	2009.03.13	15 000.00		15 000.00	
38	惠普台式电脑	惠普 dx2355		韩总办公室	台	1	2009.03.13	6 100.00		6 100.00	
39	惠普台式电脑	惠普 dx2355		督导组办公室	台	1	2009.03.13	6 100.00		6 100.00	
40	惠普台式电脑	惠普 dx2355		督导组办公室	台	1	2009.03.13	6 100.00		6 100.00	
41	打印机	magicolor2500w		综合处	台	1	2009.06.30	3 800.00		3 800.00	

续上表

序号	设备名称	规格型号	生产厂家	放置地点	计量单位	数量	购置日期	竣工决算值			备注
								原值	累计折旧	净值	
42	笔记本电脑			史总办	台	1	2009.08.31	9 450.00		9 450.00	
43	复印机				台	1		33 500.00		33 500.00	
44	台式机	惠普			台	1	2013.4.9	3 850.00		3 850.00	
45	台式机	惠普			台	1	2013.4.9	3 850.00		3 850.00	
46	便携式计算机	惠普			台	1	2013.4.9	7 800.00		7 800.00	
47	电脑			档案室	台	1	2013.12.12	2 206.00		2 206.00	
48	联想笔记本电脑	昭阳 E40-70		财务处	台	1	2015.7.10	3 040.00		3 040.00	
49	联想笔记本电脑	昭阳 E40-71		办公室	台	1	2015.7.11	2 950.00		2 950.00	
50	联想笔记本电脑	昭阳 E49A		合同处	台	1	2015.7.12	2 950.00		2 950.00	
合计								433 466.00	0.00	433 466.00	

交付单位　　　　年　月　日　　　　接收单位　　　　年　月　日

盖章　　　　盖章

基本建设项目交付使用资产明细表

其他设备

交建竣 5-2 表

电子设备竣资表

单位:元

序号	设备名称	规格型号	生产厂家	放置地点	计量单位	数量	购置日期	竣工决算值			备注
								原值	累计折旧	净值	
	合计							711 660.00		711 660.00	
1	空调	飞歌 KFR-71		车库改造的职工宿舍	台	1	2005.04.26	5 280.00		5 280.00	
2	空调	飞歌 KFR-35		车库改造的职工宿舍	台	1	2005.04.26	2 200.00		2 200.00	
3	空调	飞歌 KFR-35		车库改造的职工宿舍	台	1	2005.04.26	2 200.00		2 200.00	
4	空调	飞歌 KFR-35		车库改造的职工宿舍	台	1	2005.04.26	2 200.00		2 200.00	
5	格力空调	KFR-7058L		综合处	台	1	2005.04.28	4 000.00		4 000.00	
6	格力空调	KFR-7058L		合同处	台	1	2005.04.28	4 000.00		4 000.00	
7	格力空调	KFR-7058L		质监处	台	1	2005.04.28	4 000.00		4 000.00	
8	格力空调	KFR-7058L		工程处	台	1	2005.04.28	4 000.00		4 000.00	
9	格力空调	KFR-7058L		会议室	台	1	2005.04.28	4 000.00		4 000.00	
10	格力空调	KFR-7058L		会议室	台	1	2005.04.28	4 000.00		4 000.00	
11	格力空调	KFR-7058L		厨房	台	1	2005.04.28	4 000.00		4 000.00	
12	格力空调	KFR-7058L		厨房	台	1	2005.04.28	4 000.00		4 000.00	
13	格力空调	KFR-70513L		总经理办	台	1	2005.04.28	5 400.00		5 400.00	
14	格力空调	KFR-3551R		财务处	台	1	2005.04.28	2 100.00		2 100.00	
15	格力空调	KFR-3551R		财务处	台	1	2005.04.28	2 100.00		2 100.00	

续上表

序号	设备名称	规格型号	生产厂家	放置地点	计量单位	数量	购置日期	竣工决算值			备注
								原值	累计折旧	净值	
16	格力空调	KFR-3551R		副总经理办	台	1	2005.04.28	2 100.00		2 100.00	
17	格力空调	KFR-3551R		副总经理办	台	1	2005.04.28	2 100.00		2 100.00	
18	格力空调	KFR-3551R		顾问办	台	1	2005.04.28	2 100.00		2 100.00	
19	格力空调	KFR-3551R		纪检办	台	1	2005.04.28	2 100.00		2 100.00	
20	格力空调	KFR-3551R		司机班	台	1	2005.04.28	2 100.00		2 100.00	
21	格力空调	KFR-3551R		职工宿舍	台	1	2005.04.28	2 100.00		2 100.00	
22	格力空调	KFR-3551R		职工宿舍	台	1	2005.04.28	2 100.00		2 100.00	
23	格力空调	KFR-3551R		职工宿舍	台	1	2005.04.28	2 100.00		2 100.00	
24	格力空调	KFR-3551R		职工宿舍	台	1	2005.04.28	2 100.00		2 100.00	
25	格力空调	KFR-3551R		职工宿舍	台	1	2005.04.28	2 100.00		2 100.00	
26	格力空调	KFR-3551R		职工宿舍	台	1	2005.04.28	2 100.00		2 100.00	
27	格力空调	KFR-3551R		职工宿舍	台	1	2005.04.28	2 100.00		2 100.00	
28	格力空调	KFR-3551R		职工宿舍	台	1	2005.04.28	2 100.00		2 100.00	
29	格力空调	KFR-3551R		职工宿舍	台	1	2005.04.28	2 100.00		2 100.00	
30	格力空调	KFR-3551R		职工宿舍	台	1	2005.04.28	2 100.00		2 100.00	
31	格力空调	KFR-3551R		职工宿舍	台	1	2005.04.28	2 100.00		2 100.00	
32	格力空调	KFR-3551R		职工宿舍	台	1	2005.04.28	2 100.00		2 100.00	
33	格力空调	KFR-3551R		职工宿舍	台	1	2005.04.28	2 100.00		2 100.00	
34	格力空调	KFR-3551R		职工宿舍	台	1	2005.04.28	2 100.00		2 100.00	
35	格力空调	KFR-3551R		职工宿舍	台	1	2005.04.28	2 100.00		2 100.00	
36	格力空调	KFR-3551R		职工宿舍	台	1	2005.04.28	2 100.00		2 100.00	

续上表

序号	设备名称	规格型号	生产厂家	放置地点	计量单位	数量	购置日期	竣工决算值			备注
								原值	累计折旧	净值	
37	格力空调	KFR-3551R		职工宿舍	台	1	2005.04.28	2 100.00		2 100.00	
38	格力空调	KFR-3551R		门卫房	台	1	2005.04.28	2 100.00		2 100.00	
39	格力空调	KFR-3551R		电工房	台	1	2005.04.28	2 100.00		2 100.00	
40	格力空调	KFR-3551R		厨师宿舍	台	1	2005.04.28	2 100.00		2 100.00	
41	数码相机	富士 S7000		综合处	台	1	2005.05.28	7 000.00		7 000.00	
42	佳能数码相机	350D		综合处	台	1	2005.06.21	16 390.00		16 390.00	
43	索尼数码摄像机	PC1000E		综合处	台	1	2005.06.21	11 620.00		11 620.00	
44	日立投影仪	日立		综合处	台	1	2005.06.21	20 400.00		20 400.00	
45	全钢消毒柜			厨房	台	1	2005.06.30	2 600.00		2 600.00	
46	四门冰柜	1.23 立方		厨房	台	1	2005.06.30	5 100.00		5 100.00	
47	双糟洗涮池			厨房	台	1	2005.06.30	2 200.00		2 200.00	
48	单门蒸饭车	900×900×800		厨房	台	1	2005.06.30	3 100.00		3 100.00	
49	双炒温灶	1900×900×800		厨房	台	1	2005.06.30	4 200.00		4 200.00	
50	六类 48 口配线架	AVAYA		综合处	台	1	2005.06.30	5 200.00		5 200.00	
51	服务器	HPML150G2		综合处	台	1	2005.06.30	24 200.00		24 200.00	
52	路由器	TP-LINK480		综合处	台	1	2005.06.30	3 670.00		3 670.00	
53	网络交换机	华为 1050T		综合处	台	1	2005.06.30	4 000.00		4 000.00	
54	千兆网卡	3Com3C1698		综合处	台	1	2005.06.30	7 800.00		7 800.00	
55	防毒软件			综合处	台	1	2005.06.30	9 000.00		9 000.00	
56	净化稳压电源	长城		综合处	台	1	2005.06.30	3 000.00		3 000.00	
57	UPS 电源	STK1000VA/4H		综合处	台	1	2005.06.30	11 000.00		11 000.00	
58	财务加密天网	VPN-SNS-FW-600		财务处	台	1	2005.12.20	7 800.00		7 800.00	

续上表

序号	设备名称	规格型号	生产厂家	放置地点	计量单位	数量	购置日期	竣工决算值			备注
								原值	累计折旧	净值	
59	隔离卡			财务处	台	1	2005.12.20	2 470.00		2 470.00	
60	隔离卡			财务处	台	1	2005.12.20	2 470.00		2 470.00	
61	隔离卡			财务处	台	1	2005.12.20	2 470.00		2 470.00	
62	格力空调柜机	RFR-60411DY-N4		餐厅	台	1	2005.12.20	4 200.00		4 200.00	
63	格力空调柜机	RFR-66411DY-N4		餐厅	台	1	2005.12.20	4 200.00		4 200.00	
64	A3 激光测距仪	A3		质监处	台	1	2006.04.25	3 600.00		3 600.00	
65	数显回弹仪	HT225W		质监处	台	1	2006.04.25	8 800.00		8 800.00	
66	显示屏警灯			保通处调安阳路政大队	台	1	2006.08.11	18 000.00		18 000.00	
67	显示屏警灯			保通处调安阳高速交警大队	台	1	2006.08.11	18 000.00		18 000.00	
68	回弹仪			质监处	台	1	2006.08.11	5 000.00		5 000.00	
69	网络设备系统			综合处	台	1	2006.08.30	192 100.00		192 100.00	
70	手机			综合处	台	1	2006.10.30	4 400.00		4 400.00	
71	尼康数码相机	D40		工程处	台	1	2007.04.05	4 800.00		4 800.00	
72	思科网络路由器	3532		综合处	台	1	2007.07.30	43 000.00		43 000.00	
73	格力空调	格力		新职工宿舍楼	台	1	2008.01.27	2 250.00		2 250.00	
74	格力空调	格力		新职工宿舍楼	台	1	2008.01.27	2 250.00		2 250.00	
75	格力空调	格力		新职工宿舍楼	台	1	2008.01.27	2 250.00		2 250.00	

续上表

序号	设备名称	规格型号	生产厂家	放置地点	计量单位	数量	购置日期	竣工决算值			备注
								原值	累计折旧	净值	
76	格力空调	格力		新职工宿舍楼	台	1	2008.01.27	2 250.00		2 250.00	
77	格力空调	格力		新职工宿舍楼	台	1	2008.01.27	2 250.00		2 250.00	
78	格力空调	格力		新职工宿舍楼	台	1	2008.01.27	2 250.00		2 250.00	
79	格力空调	格力		新职工宿舍楼	台	1	2008.01.27	2 250.00		2 250.00	
80	格力空调	格力		新职工宿舍楼	台	1	2008.01.27	2 250.00		2 250.00	
81	格力空调	格力		新职工宿舍楼	台	1	2008.01.27	2 250.00		2 250.00	
82	格力空调	格力		新职工宿舍楼	台	1	2008.01.27	2 250.00		2 250.00	
83	格力空调	格力		新职工宿舍楼	台	1	2008.01.27	2 250.00		2 250.00	
84	格力空调	格力		新职工宿舍楼	台	1	2008.01.27	2 250.00		2 250.00	
85	佳能数码相机	佳能		保通处	台	1	2008.07.27	3 600.00		3 600.00	
86	网络系统	综合处		综合处	台	1	2008.09.09	41 670.00		41 670.00	
87	杀毒软件			综合处	台	1	2008.09.30	11 500.00		11 500.00	
88	摄像机镜头			综合处	台	1	2009.07.22	4 850.00		4 850.00	
89	佳能数码相机	佳能		质监处	台	1	2009.08.31	3 870.00		3 870.00	

续上表

序号	设备名称	规格型号	生产厂家	放置地点	计量单位	数量	购置日期	竣工决算值			备注
								原值	累计折旧	净值	
90	办公家具			人防大楼总经理办	台	1	2010.08	43 350.00		43 350.00	
91	防磁柜			档案室	台	1	2013.12.13	4 100.00		4 100.00	
92	消毒柜			档案室	台	1	2013.12.13	2 650.00		2 650.00	
93	防盗门			档案室	台	1	2013.12.12	1 300.00		1 300.00	
合计								711 660.00		711 660.00	

交付单位　　　　　年　月　日　　　　　接收单位　　　　　年　月　日

盖章　　　　　　　　　　　　　　　　　盖章

基本建设项目交付使用资产明细表

家 具 用 具

交建竣 5-2 表

家具用具竣资表

单位:元

序号	名称	规格型号	生产厂家	配置地点	计量单位	数量	购置日期	竣工决算值	备注
总合计	合计							116 205.00	
1	老板桌椅				套	1.00		2 300.00	小计
2	厨房用具				套	1.00		3 095.00	
3	办公桌椅				套	2.00		6 280.00	
4	办公桌椅				套	1.00		4 200.00	
5	椅子				套	1.00		2 060.00	
6	卫星电视接收系统				套	1.00		36 000.00	
7	电视柜				套	1.00		2 340.00	
8	办公椅				套	1.00		3 900.00	
9	厨房设备				套	1.00		15 800.00	
10	音响设备				套	1.00		8 000.00	
11	网络存储器				个	1.00		5 750.00	
12	健身器材				套	4.00		9 000.00	
13	桌子				个	1.00		2 080.00	
14	会议桌椅				套	1.00		15 400.00	
	总合计							116 205.00	

基本建设项目交付使用资产明细表

无形资产

交建竣 5-2 表

无形资产竣资表

单位:元

序号	无形资产名称	权证号	位置	取得日期	发证机关	使用部门	面积(公顷)		竣工决算价值构成				说明
							国务院批复	实际用地	用地补偿费	征地管理费	其他费用	竣工决算值	
1	土地						318.3287	318.3273				354 376 891.54	其中预留977 万元
2	财务软件											28 750.00	
3													
4													
5													
6													
7													
8													
9													
10													
11													
12													
13													
14													
15													
16													
17													
18													
19													
合计							318.3273	—	—	—	354 405 641.54		

交付单位　　　　　　年　月　日　　　　　　接收单位　　　　　　年　月　日

盖章　　　　　　　　　　　　　　　　　　　盖章

货币资金明细表

截止日期:2016 年 2 月 29 日

单位:元

序号	开户银行	账号	币种	账面价值	调整值	竣工决算价值	备注
1	库存现金			22 146.39		22 146.39	
2	光大银行郑州中原路支行			12 078 305.17		12 078 305.17	
3	建行新乡牧野支行			68 597.95		68 597.95	
4	资金结算中心账户			142 584.70		142 584.70	
5						—	
6						—	
合计				12 311 634.21	—	12 311 634.21	

其他应收款明细表

截止日期:2016 年 2 月 29 日

金额单位:人民币元

序号	欠款单位名称	业务内容	发生日期	账龄	账面价值	调整值	竣工决算值		备注
							借方	贷方	
1	河南高速公路发展有限责任公司(企业账)				44 795.65		44 795.65		
2	河南高速公路发展有限责任公司安新分公司				57 669 587.68		57 669 587.68		
3	河南高速公路发展有限责任公司安新改建工程项目部				20 337.86		20 337.86		
4	河南通安高速公路养护工程有限责任公司				1 082 179.00		1 082 179.00		
5	河南通瑞高速公路养护工程有限责任公司				520 000.00		520 000.00		
6	河南通源高速公路养护工程有限责任公司				2 575 040.00		2 575 040.00		
7	河南省高速公路实业开发有限公司				2 077 972.00		2 077 972.00		
8	新乡市九州宾馆				700 000.00		700 000.00		
9	吕印继				30 293.00		30 293.00		
10									
11									
12									
13									
14									
15									
16									
17									
18									
19									
20									
21									
22									
23									
24									
合计					64 720 205.19	—	64 720 205.19		

应付工程款明细表

截止日期:2016 年 2 月 29 日

金额单位:人民币元

序号	户名(结算对象)	发生日期	业务内容	账面价值	调整金额	竣工决算价值		备注
						借方	贷方	
1	安徽水利开发股份有限公司 AXGJ-GZ1			-84 000.00			-84 000.00	
2	北京城建道桥建设集团有限公司			49 615.00			49 615.00	
	北京城建道桥建设集团有限公司 AXGJ-NO.1			25 272.00			25 272.00	
	北京城建二建设工程有限公司 AXGJ-FWQ1			-389 137.00			-389 137.00	
	北京华通公路桥梁监理咨询有限公司			16 434.00			16 434.00	
	北京特希达科技有限公司 AXGJ-GZ4			-150 000.00			-150 000.00	
	河南华盛建设集团有限公司 AXFWQZS-2			-300 000.00			-300 000.00	
	河南林峰园林绿化工程有限公司 AXGJ-LH2			-80 000.00			-80 000.00	
	河南路桥建设集团有限公司安新改建工程第二十四合同项目经理部			149 499.00			149 499.00	
	河南省大河筑路工程有限公司 AXGJ-FWQ3			-287 691.00			-287 691.00	
	河南省路桥建设集团有限公司 AXGJ-NO.24			158 649.00			158 649.00	
	河南省新乡六通实业有限公司 AXGJ-HL2			-53 640.00			-53 640.00	
	河南省中原公路工程监理有限公司			-124 811.00			-124 811.00	
	河南水利建筑工程有限公司 AXGJ-FWQ2			-94 757.00			-94 757.00	
	河南万绿园林绿化工程有限公司 AXGJ-LH1			-50 000.00			-50 000.00	
	江苏博纳华交通科技有限公司 AXGJ-BZ1			-200 000.00			-200 000.00	
	路桥华东工程有限公司 AXGJ-NO.16			-595 792.00			-595 792.00	
	路桥华祥国际工程有限公司 AXGJ-NO.19			480 213.00			480 213.00	
	路桥集团国际建设股份有限公司 AXGJ-NO.10			1 969 426.00			1 969 426.00	
	山东富博交通设施有限公司 AXGJ-HL5			-69 291.00			-69 291.00	
	山东雄狮建筑装饰工程有限公司 AXFWQZS-1			-300 000.00			-300 000.00	
	山西长达交通设施有限公司 AXGJ-HL1			175 344.00			175 344.00	

续上表

序号	户名(结算对象)	发生日期	业务内容	账面价值	调整金额	竣工决算价值		备注
						借方	贷方	
	上海久坚加固工程有限公司 AXGJ-GZ3			-127 000.00			-127 000.00	
	上海先为土木工程有限公司 AXGJ-GZ2			-139 000.00			-139 000.00	
	天津华安公路交通工程有限公司 AXGJ-BX5			2 000.00			2 000.00	
	天津华安公路交通工程有限公司 AXGJ-HL4			-315 744.00			-315 744.00	
	潍坊东方交通设施工程有限公司 AXGJ-HL3			-274 150.00			-274 150.00	
	无锡市交通工程有限公司 AXGJ-NO.5			367 334.00			367 334.00	
	枣庄市道桥工程有限公司 AXGJ-NO.22			-1 943 000.00			-1 943 000.00	
	中国凯瑞国际经济技术合作有限公司 AXGJ-NO.21			-1 818 000.00			-1 818 000.00	
	中交第三公局工程有限公司 AXGJ-NO.3			164 513.00			164 513.00	
	中交第四公路工程局有限公司 AXGJ-NO.20			1 904 836.00			1 904 836.00	
	中交第一公路工程局有限公司 AXGJ-N0.2			4 338 505.00			4 338 505.00	
	中交三公局桥梁隧道工程有限公司 AXGJ-GZ5			-380 000.00			-380 000.00	
	中交一公局第六工程有限公司 AXGJ-NO.13			528 878.00			528 878.00	
	中交一公局第六工程有限公司 AXGJ-NO.18			988 683.00			988 683.00	
	中铁九局集团公司 AXGJ-NO.15			798 918.00			798 918.00	
	中铁十局集团有限公司 AXGJ-NO.17			421 861.00			421 861.00	
	中铁十五局集团第五工程有限公司 AXGJ-NO.9			3 767 801.00			3 767 801.00	
	中铁十五局集团第一工程有限公司 AXGJ-NO.7			3 609 729.00			3 609 729.00	
	中铁十一局集团第一工程有限公司 AXGJ-NO.11			-1 494 646.00			-1 494 646.00	
	中铁十一局集团有限公司 AXGJ-NO.4			-860 571.00			-860 571.00	
	中铁四局集团有限公司 AXGJ-NO.6			-185 434.00			-185 434.00	
	中铁五局集团第一工程有限公司 AXGJ-NO.8			-105 424.00			-105 424.00	
	中原油田建筑集团公司 AXGJ-FWQ4			-1 299 292.00			-1 299 292.00	
	周口市公路交通设施有限公司 AXGJ-BZ2			-200 000.00			-200 000.00	

续上表

序号	户名(结算对象)	发生日期	业务内容	账面价值	调整金额	竣工决算价值		备注
						借方	贷方	
	屈龙敏 413025195711131517			−5 000.00			−5 000.00	
	河南中天高新智能科技开发有限责任公司			425 665.00			425 665.00	
	河南省公路工程局集团有限公司安新改建 12 标			1 170 824.00			1 170 824.00	
	河南省公路工程局集团有限公司安新改建 14 项目部			1 181 019.00			1 181 019.00	
	河南省公路工程局集团有限公司安新改建 23 合同段项目部			962 059.28			962 059.28	
	河南省公路工程局集团有限公司安新改建工程第二十五合同段			3 513 449.00			3 513 449.00	
	北京华通公路桥梁监理咨询有限公司			231 771.00			231 771.00	
	河南华盛建设集团有限公司 AXFWQZS−2			200 000.00			200 000.00	
	河南金天建筑安装工程有限公司			100 000.00			100 000.00	
	河南精诚工程造价咨询有限公司			190 000.00			190 000.00	
	河南瑞祥会计师事务所有限公司			73 600.00			73 600.00	
	河南省交通规划勘察设计院有限责任公司			916 380.00			916 380.00	
	河南省交通科学技术研究院有限公司			100 000.00			100 000.00	
	河南省理想建设工程有限公司			250 000.00			250 000.00	
	河南省中陆工程技术有限公司			380 000.00			380 000.00	
	河南中州工程咨询有限公司			96 000.00			96 000.00	
	华寅工程造价咨询有限公司河南分公司			134 000.00			134 000.00	
	路桥集团国际建设股份有限公司 AXGJ−NO.10			502 674.25			502 674.25	
	无锡市交通工程有限公司 AXGJ−NO.5			922 348.00			922 348.00	
	中交第一公路工程局有限公司 AXGJ−N0.2			260 000.00			260 000.00	
	中交第一公路勘察设计研究院有限公司			2 247 260.00			2 247 260.00	
	中铁十局集团有限公司 AXGJ−NO.17			0.44			0.44	
	中原油田建筑集团公司 AXGJ−FWQ4			2 891 756.62			2 891 756.62	
	人民交通出版社			180 000.00			180 000.00	

续上表

序号	户名(结算对象)	发生日期	业务内容	账面价值	调整金额	竣工决算价值		备注
						借方	贷方	
	安阳交通运输局			2 321 000.00			2 321 000.00	
	交通运输部环境保护中心			480 000.00			480 000.00	
	北京城建道桥建设集团有限公司 AXGJ-NO.1			1 489 277.00			1 489 277.00	
	北京华通公路桥梁监理咨询有限公司			452 570.00			452 570.00	
	北京特希达科技有限公司 AXGJ-GZ4			0.24			0.24	
	河南路桥建设集团有限公司安新改建工程第二十四合同项目经理部			1 048 159.84			1 048 159.84	
	河南省交通规划勘察设计院有限责任公司			1 046 000.00			1 046 000.00	
	河南省中原公路工程监理有限公司			360 900.00			360 900.00	
	河南水利建筑工程有限公司 AXGJ-FWQ2			2.63			2.63	
	路桥华东工程有限公司 AXGJ-NO.16			627 490.00			627 490.00	
	路桥华祥国际工程有限公司 AXGJ-NO.19			2 096 437.00			2 096 437.00	
	路桥集团国际建设股份有限公司 AXGJ-NO.10			2 210 072.84			2 210 072.84	
	山东雄狮建筑装饰工程有限公司 AXFWQZS-1			-0.18			-0.18	
3	上海久坚加固工程有限公司 AXGJ-GZ3			275 413.26			275 413.26	
4	无锡市交通工程有限公司 AXGJ-NO.5			2 320 911.00			2 320 911.00	
5	枣庄市道桥工程有限公司 AXGJ-NO.22			1 585 533.00			1 585 533.00	
6	中国凯瑞国际经济技术合作有限公司 AXGJ-NO.21			1 254 571.00			1 254 571.00	
7	中交第三公局工程有限公司 AXGJ-NO.3			1 854 387.00			1 854 387.00	
8	中交第四公路工程局有限公司 AXGJ-NO.20			2 112 342.00			2 112 342.00	
9	中交第一公路工程局有限公司 AXGJ-N0.2			1 616 563.46			1 616 563.46	
10	中交第一公路勘察设计研究院有限公司			637 500.00			637 500.00	
11	中交一公局第六工程有限公司 AXGJ-NO.13			1 516 378.00			1 516 378.00	
12	中交一公局第六工程有限公司 AXGJ-NO.18			560 448.00			560 448.00	
13	中铁九局集团公司 AXGJ-NO.15			390 842.00			390 842.00	

续上表

序号	户名(结算对象)	发生日期	业务内容	账面价值	调整金额	竣工决算价值		备注
						借方	贷方	
14	中铁十局集团有限公司 AXGJ-NO.17			564 238.00			564 238.00	
15	中铁十五局集团第五工程有限公司 AXGJ-NO.9			1 844 179.00			1 844 179.00	
16	中铁十五局集团第一工程有限公司 AXGJ-NO.7			1 000 815.00			1 000 815.00	
17	中铁十一局集团第一工程有限公司 AXGJ-NO.11			5 049 988.00			5 049 988.00	
18	中铁十一局集团有限公司 AXGJ-NO.4			1 000 000.00			1 000 000.00	
19	中铁四局集团有限公司 AXGJ-NO.6			1 305 095.00			1 305 095.00	
20	中铁五局集团第一工程有限公司 AXGJ-NO.8			310 846.44			310 846.44	
21	河南中天高新智能科技开发有限责任公司			-300 000.00			-300 000.00	
22	河南省公路工程局集团有限公司安新改建 12 标			-218 932.00			-218 932.00	
23	河南省公路工程局集团有限公司安新改建 14 项目部			-2 320 956.00			-2 320 956.00	
24	河南省公路工程局集团有限公司安新改建 23 合同段项目部			-2 421 000.00			-2 421 000.00	
25	河南省公路工程局集团有限公司安新改建工程第二十五合同段			735 705.00			735 705.00	
合计				57 726 713.12	—	—	57 726 713.12	

其他应付款明细表

截止日期:2016 年 2 月 29 日

金额单位:人民币元

序号	欠款单位名称	业务内容	发生日期	账龄	账面价值	调整值	竣工决算值		备注
							借方	贷方	
1	河南高速公路发展有限责任公司(企业账)				19 465 422.88			19 465 422.88	
2	河南高速公路发展有限责任公司安新改建工程项目部				19 963 432.17			19 963 432.17	
3	河南高速公路发展有限责任公司资金结算中心				1 395 000.00			1 395 000.00	
4	河南国基装饰工程有限公司				220 000.00			220 000.00	
5	河南精诚工程造价咨询有限公司				95 000.00			95 000.00	
6	河南瑞祥会计师事务所有限公司				73 600.00			73 600.00	
7	河南省大成建设工程有限公司				220 000.00			220 000.00	
8	河南省联升装饰工程有限公司				220 000.00			220 000.00	
9	河南中州工程咨询有限公司				48 000.00			48 000.00	
10	华寅工程造价咨询有限公司河南分公司				67 000.00			67 000.00	
11	信阳市新凯瑞园林工程有限公司				200 000.00			200 000.00	
12	代扣教育费附加				9 084.69			9 084.69	
	合计				41 976 539.74	0.00	0.00	41 976 539.74	

应交税金明细表

截止日期:2016 年 2 月 29 日

金额单位:人民币元

序号	税　　种	业务内容	发生日期	账龄	账面价值	竣工决算值		备注
						借方	贷方	
1	应交营业税						—	
2	应交个人所得税				366.01		366.01	
3	应交城市维护建设税						—	
4	代扣税金						—	
5	应交教育费附加						—	
6	应交地方教育附加						—	
							—	
合计					366.01		366.01	

分摊费用明细表

截止日期:2016 年 2 月 29 日　　　　金额单位:人民币元

序号	费 用 项 目	科目	账面金额	预留金额	调整数	调整后金额	备　注
1	工程管理费	待摊投资	63 540 004.40			63 540 004.40	
2	工程监理费	待摊投资	51 617 340.00			51 617 340.00	
3	勘察设计费	待摊投资	66 426 378.00			66 426 378.00	
4	工程招评标费	待摊投资	−2 135 747.15			−2 135 747.15	
5	研究试验费	待摊投资	21 303 746.00			21 303 746.00	
6	临时设施费	待摊投资	36 300.00			36 300.00	
7	财务费用	待摊投资	177 590 266.50			177 590 266.50	
8	征地拆迁费	待摊投资	344 606 891.54	9 770 000.00		354 376 891.54	单独作为无形资产确认
9	工程质量监督费	待摊投资	317 000.00			317 000.00	
10	其他待摊投资	待摊投资	22 605 611.42			22 605 611.42	
11	预留待摊投资	待摊投资		6 166 897.87		6 166 897.87	
12	工程不可预见费用			846 391.30		846 391.30	
13	工程预留			3 000 000.00		3 000 000.00	
14	安阳交通局				20 000 000.00	20 000 000.00	
15							
16							
17							
18							
19							
合计			745 907 790.71	19 783 289.17	20 000 000.00	785 691 079.88	

调整分录

金额单位:人民币元

摘　要	借　方	金　额	贷　方	金　额(元)
调整安阳交通局文峰桥费用	在建工程\待摊基建支出\其他待摊投资	20 000 000.00		
	在建工程\基建工程支出\建筑工程		在建工程\其他工程\暂估旧路改造	20 000 000.00
合计		20 000 000.00		20 000 000.00

第三部分

审 计

河南省审计厅审计报告

豫审投报〔2016〕7号

根据《中华人民共和国审计法》第二十二条的规定，河南省审计厅派出审计组，自2015年9月10日至11月30日，对京珠国道主干线安阳至新乡高速公路改扩建建设项目竣工财务决算（草案）进行了就地审计，对与项目直接有关的设计、施工、临理等单位取得项目资金的真实性以及项目征地拆迁事项进行了延伸审计调查。河南高速公路发展有限责任公司安新改建工程项目部做出书面承诺，对其提供的财务会计、工程结算以及其他相关资料的真实性和完整性负责。河南省审计厅的责任是依法独立实施审计并出具审计报告。

一、基本情况

京珠国道主干线安阳至新乡高速公路改扩建建设项目（以下简称“安新改扩建项目”）是河南高速公路发展有限责任公司（以下简称省高发公司）实施的既有道路改造项目。该项目北起京港澳高速公路豫冀界收费站，南至京港澳高速公路新乡小店乡。道路全长113.173公里，途经安阳、鹤壁、新乡3个省辖市10个县区。该项目于2008年4月28日开工建设，2010年11月1日建成通车。

安新改扩建项目依据交通部颁布的《公路工程技术标准》（JTGB01—2003）进行设计，全线共有大小桥梁91座，涵洞通道340座，互通式或分离式立交49座，天桥1座。先后连接安林、鹤濮、济东3条高速公路，1条107国道，301、304、308等9条省道，跨越安阳河、淇河、卫河等13条河流和1条铁路。改建后路基宽度42米，路面净宽2×19米，设计行车时速120公里，采用两侧直接拼接加宽双向8车道高速公路标准。

2004年2月27日，省高发公司以豫高司工〔2004〕745号文批准成立河南高速公路发展有限责任公司安新改建公路项目部（以下简称安新项目部），负责安新改扩建项目具体实施。

2005年3月，国家环境保护总局《关于京珠国道主干线安阳至新乡高速公路改扩建工程环境影响报告书审查意见的复函》（环审〔2005〕253号）批复项目的环境影响报告。2005年9月，国家水利部《关于京珠国道主干线安阳至新乡高速公路改扩建工程水土保持方案的复函》（水保函〔2005〕354号）批复项目的水土保持方案。

2005年10月，国家发展和改革委员会《关于京珠国道主干线安阳至新乡公路改扩建工程可行性研究报告的批复》（发改交运〔2005〕2072号）批复项目可行性研究报告，核定项目估算总投资31.68亿元，其中：国家安排中央车购税专项资金3.84亿元，河南省安排公路建设资金7.26亿元作为项目资本金，其余20.58亿元利用国内银行贷款解决。

2007年10月，国家交通部《关于京珠国道路主干线安阳至新乡公路改扩建工程初步设计的批复》（交公路发〔2007〕568号）批准项目初步设计，核定项目概算总投资345750万元（含建设期贷款利息22679万元，占概算总投资的6.56%）。2010年5月，河南省交通运输厅《关于京珠国道路主干线安阳至新乡高速公路》旧路改造工程施工图设计的批复》（豫交规划〔2010〕148号），核定旧路改造工程预算总金额91575万元。2011年7月，河南省交通运输厅《关于京港澳高速公路安阳服务区改扩建工程施工图设计的批复》（豫交规划〔2011〕161号），核定安阳服务区改扩建工程施工图预算14068万元。2011年7月，河南省交通运输厅《关于京港澳高速公路鹤壁服务区改扩建工程施工图设计的批复》（豫交规划〔2011〕163号），核定鹤壁服务区改扩建工程施工图预算14465万元。综上所述，安新改扩建项目（含旧路改造和安阳、鹤壁服务区）总概（预）算投资465858万元。

2008年3月，国土资源部《关于京珠国道主干线安阳至新乡高速公路改扩建工程建设用地的批复》（国土资函〔2008〕166号）对安新改扩建项目建设用地进行了批复，共计批准建设用地318.3287公顷，其中服务区用地24公顷范围内的经营性用地由当地人民政府以有偿使用方式提供，绿化用地0.3012公顷由当地人民政府按照规划和设计合理安排使用，其余建设用地划拨给省高发公司。项目实际征地318.3287公顷。已办理土地手续302.2997公顷。

安新项目部以公开招标方式，确定中交第一公路勘察设计研究院有限公司等3家单位为安新改扩建项目设计单位；确定河南省中原公路工程监理有限公司等2家单位为项目监理单位；确定北京城建道桥工程有限公司等51家单位为土建、路面、房建、标志、标线、机电、绿化、服务区工程施工单位。

2015年5月31日，安新项目部编制的竣工财务决算总表反映，项目基本建设总支出458516.21万元，其中：建筑安装工程投资379790.63万元、待摊投资74367.81万元、暂估账款4357.77万元。完成投资形成交付使用资产458516.21万元，其中：固定资产423127.95万元，无形资产35388.26万元。与批复概（预）算投资465858万元相比，节约概算7341.89万元。

经审计，该项目基本建设总支出456559.16万元，其中：建筑安装工程投资377102.33万元，待摊投资78869.11万元，其他投资587.72万元。完成投资形成交付使用资产456559.16万元，其中：固定资产422439.46万元，无形资产34119.70万元。审计核定数与批复概（预）算465858万元相比，节约概算9298.84万元；与项目编制竣工决算报告数458516.21万元相比，审计核减投资4343.51万元，核增投资2386.47万元，核增核减相抵后净核减投资1957.04万元。

二、审计评价意见

审计结果表明，安新项目部基本履行了基本建设程序；除个别项目外，基本履行了招标投标制度；建立了较为完善的文明施工、安全生产、质量检验、奖优罚劣等管理制度体系，加强了对质量的控制；重视资金和财务管理，制定了较为完善的计量与支付管理办法，在确保资金安全的同时，加快承包商资金周转，保障了安新改扩建项目的顺利进行。安新项目部提供相关资料基本真实完整，财务管理和会计核算基本符合国家相关法律法规的规定，制定的内控制度较为健全有效，编制的竣工财务决算报告基本能够反映项目的实际情况。

但是，审计中也发现项目在财务核算、工程结算、建设管理等方面仍存在一些问题，需加以纠正和改进。

三、审计发现的主要问题和处理意见

（一）资金使用及资产管理方面存在的问题

1.多列预留费用1572.25万元。

安新改扩建项目决算列支预留费用4357.77万元，经审计核定为2785.52万元，多列预留费用 1572.25 万元,其中:建设单位管理费 178.25 万元,设计费、检测费、协调费、鹤壁服务区土地划拨转出让费等各项费用 783 万元,不可预见费 611 万元。

2.未按合同约定扣除各相应标段承包商质量保证金 619.78 万元。

安新项目部分别与河南省高速公路实业开发有限公司、河南通安高速公路养护工程有限责任公司、河南省路嘉路桥工程有限公司工程等三家单位签订"缺陷责任期病害专项处治合同",合同约定如在各施工标段缺陷责任期内,应按专项处治费用扣除对应各标段质量保证金。截至审计日,在缺陷责任期内发生病害专项处治款 619.78 万元全部列入待摊投资,未按合同约定扣除各相应标段质量保证金。

3.挤占建设资金 30 万元。

安新项目部无依据支付土建 5 标无锡市交通工程有限公司在施工过程中对汤阴县自营乡道路造成的损坏补偿费用 30 万元。不符合《公路工程国内招标范本〔2003〕》30.1 条"道路或桥梁损坏或损伤而引起的一切索赔、赔偿、诉讼费用和其他开支均由施工单位负责,业主概不负责承担"的规定。

4.多列监理费 18.03 万元。

安新项目部按照监理单位实际到位监理人员数量和合同单价对施工监理 A 合同段郑州市中原公路工程监理有限公司、施工监理 B 合同段北京华通公路桥梁监理咨询有限公司进行监理费计量。经审计,安新项目部重复计量 A 合同段监理人员工资 9 万元,重复计量 B 合同段监理人员工资 9.03 万元。

5.竣工财务决算报告漏列投资 2386.47 万元。

经审核,该项目编制的决算报告中漏列部分合同尾款 2386.47 万元,其中:设计费 282.48 万元,水土保持监测、报告编制及监理费 63 万元,环保验收及突发环境事件应急预案 48 万元,京港澳安阳文峰立交桥建设资金 1907.63 万元,课题费 57 万元,中介决算审计费 28.36 万元。

以上 1 至 5 项行为违反了财政部《基本建设财务管理规定》(财建〔2002〕394 号)第十九条中"待摊投资支出是指建设单位按项目概算内容发生的,按照规定应当分摊计入交付使用资产价值的各项费用支出"、第三十六条"基本建设项目竣工财务决算是正确核定新增固定资产价值,反映竣工项目建设成果的文件,是办理固定资产交付使用手续的依据。各编制单位要认真执行有关的财务核算办法,严肃财经纪律,实事求是地编制基本建设项目竣工财务决算,做到编报及时,数字准确,内容完整"的规定。根据《中华人民共和国审计法》第四十五条第(四)项"责令按照国家统一的会计制度的有关规定进行处理"和上述有关文件规定,安新项目部应调减第 1 至 4 项投资,调增第 5 项投资,并调整相关账目。

(二)多向有关承包商计量结算工程价款 2103.45 万元。

1.多向 18 个土建标段承包商计量结算工程价款 1345.64 万元。

(1)土建 1 标由北京城建道桥工程有限公司承建。建设单位送审金额 12034.44 万元,审计核定 11984.73 万元,多计工程价款 49.71 元。其原因主要是多计计算机网络与软件费,多计场地清理面积、清表回填、钢筋定位筋等。

(2)土建 2 标由中交第一公路工程局有限公司承建。建设单位送审金额 12238.22 万元,审计核定 12152.89 万元,多计工程价款 85.33 万元。其原因主要是多计计算机网络与软件费,多计清表回填、钢筋定位筋等。

(3)土建 3 标由路桥集团三公司工程有限公司承建。建设单位送审金额 13114.67 万元,审计核定 13048.01 万元,多计工程价款 66.66 万元。其原因主要是多计计算机网络与软件费,多计场地清理面积、钢筋定位筋等。

(4)土建 4 标由中铁十一局集团有限公司承建。建设单位送审金额 11084.64 万元,审计核定 11018.97 万元,多计工程价款 65.67 万元。其原因主要是多计计算机网络与软件费,多计场地清理面积、钢筋定位筋等。

(5)土建 5 标由无锡市交通工程有限公司承建。建设单位送审金额 9821.67 万元,审计核定 9769.31 万元,多计工程价款 52.36 万元。其原因主要是多计计算机网络与软件费,多计场地清理面积、钢筋定位筋等。

(6)土建 6 标由中铁四局集团有限公司承建。建设单位送审金额 14628.99 万元,审计核定 14545.10 万元,多计工程价款 83.89 万元。其原因主要是多计计算机网络与软件费,多计场地清理面积、清表回填、钢筋定位筋等。

(7)土建 7 标由中铁十五局集团第一工程有限公司承建。建设单位送审金额 12002.07 万元,审计核定 11910.27 万元,多计工程价款 91.80 万元。其原因主要是多计计算机网络与软件费,多计场地清理面积、路基土方、钢筋定位筋等。

(8)土建 8 标由中铁五局集团第一工程有限责任公司承建。建设单位送审金额 6307.48 万元,审计核定 6258.40 万元,多计工程价款 49.08 万元。其原因主要是多计计算机网络与软件费,多计场地清理面积、清表回填、钢筋定位筋等。

(9)土建 9 标由中铁十五局集团第五工程有限公司承建。建设单位送审金额 9773.70 万元,审计核定 9682.12 万元,多计工程价款 91.58 万元。其原因主要是多计计算机网络与软件费,多计场地清理面积、路基土方、钢筋定位筋等。

(10)土建 10 标由路桥集团国际建设股份有限公司承建。建设单位送审金额 10710.16 万元,审计核定 10617.78 万元,多计工程价款 92.38 万元。其原因主要是多计计算机网络与软件费,多计场地清理面积、钢筋定位筋等。

(11)土建 11 标由中铁十一局集团第一工程有限公司承建。建设单位送审金额 12574.37 万元,审计核定 12522.17 万元,多计工程价款 52.20 万元。其原因主要是多计计算机网络与软件费,多计场地清理面积、清表回填、钢筋定位筋等。

(12)土建 12 标由河南省公路工程局集团有限公司承建。建设单位送审金额 15695.60 万元,审计核定 15601.60 万元,多计工程价款 94 万元。其原因主要是多计计算机网络与软件费,多计场地清理面积、清表回填、钢筋定位筋等。

(13)土建 13 标由中交一公局第六工程有限公司承建。建设单位送审金额 12338.02 万元,审计核定 12249.27 万元,多计工程价款 88.75 万元。其原因主要是多计计算机网络与软件费,多计场地清理面积、路基土方、钢筋定位筋等。

(14)土建 14 标由河南省公路工程局集团有限公司承建。建设单位送审金额 9840.21 万元,审计核定 9747.10 万元,多计工程价款 93.11 万元。其原因主要是多计计算机网络与软件费,多计场地清理面积、管桩长度、钢筋定位筋等。

(15)土建 15 标由中铁九局集团有限公司承建。建设单位送审金额 8394.58 万元,审计核定 8351.83 万元,多计工程价款 42.75 万元。其原因主要是多计计算机网络与软件费,场地清理面积、清表回填、钢筋定位筋等。

(16)土建 16 标由路桥华东工程有限公司承建。建设单位送审金额 8867.51 万元,审计核定 8769.33 万元,多计工程价款 98.18 万元。其原因主要是多计保险、计算机网络与软件费、空心板吊钩等。

(17)土建17标由中铁十局集团有限公司承建。建设单位送审金额3509.31万元,审计核定3460.95万元,多计工程价款48.36万元。其原因主要是多计计算机网络与软件费、空心板吊钩等。

(18)土建18标由路桥集团第一公路工程局天津工程处承建。建设单位送审金额11651.72万元,审计核定11551.91万元,多计工程价款99.81万元。其原因主要是多计保险、计算机网络与软件费、空心板吊钩等。

2.多向7个路面标段承包商计量结算工程价款321.83万元。

(1)路面19标由路桥华祥国际工程有限公司承建。建设单位送审金额19781.05万元,审计核定19732.03万元,多计工程价款49.02万元。其原因主要是多计计算机网络与软件费、旧路铣刨工程量等。

(2)路面20标由中交第四公路工程局有限公司承建。建设单位送审金额17749.17万元,审计核定17699.34万元,多计工程价款49.83万元。其原因主要是多计计算机网络与软件费、旧路铣刨工程量等。

(3)路面21标由中国凯瑞国际经济技术合作有限公司承建。建设单位送审金额13315.55万元,审计核定13285.88万元,多计工程价款29.67万元。其原因主要是多计计算机网络与软件费、保通费等。

(4)路面22标由枣庄市道桥工程有限公司承建。建设单位送审金额13194万元,审计核定13163.54万元,多计工程价款30.46万元。其原因主要是多计计算机网络与软件费、保通费等。

(5)路面23标由河南省公路工程局集团有限公司承建。建设单位送审金额14637.17万元,审计核定14584.48万元,多计工程价款52.69万元。其原因主要是多计计算机网络与软件费、旧路铣刨工程量等。

(6)路面24标由河南路桥建设集团有限公司承建。建设单位送审金额13495.74万元,审计核定13480.32万元,多计工程价款15.42万元。其原因主要是多计计算机网络与软件费、旧路铣刨工程量等。

(7)路面25标由河南省公路工程局集团有限公司承建。建设单位送审金额26128.52万元,审计核定26033.8万元,多计工程价款94.72万元。其原因主要是多计计算机网络与软件费、旧路铣刨工程量等。

3.多向6个服务区房建标段承包商计量结算工程价款225.99万元。

(1)房建1标由北京城建二建设工程有限公司承建。建设单位送审金额8349.53万元,审计核定8291.50万元,多计工程价款58.03万元。其原因主要是工程量计算和单价有误。

(2)房建2标由河南水利建筑工程有限公司承建。建设单位送审金额8418.46万元,审计核定8354.56万元,多计工程价款63.90万元。其原因主要是工程量计算有误。

(3)房建3标由河南省大河筑路有限公司承建。建设单位送审金额7061.75万元,审计核定7045.34万元,多计工程价款16.41万元。其原因主要是多计换填砂粒土工程量等。

(4)房建4标由中原油田建设集团公司承建。建设单位送审金额4896.38万元,审计核定4835.15万元,多计工程价款61.23万元。其原因主要是多计换填砂粒土工程量等。

(5)装饰1标由山东雄狮建筑装饰工程有限公司承建。建设单位送审金额1718.03万元,审计核定1702.9万元,多计工程价款15.13万元。其原因主要是工程量计算有误。

(6)装饰2标由河南华盛建设集团有限公司承建。建设单位送审金额1593.83万元,审计核定1582.55万元,多计工程价款11.28万元。其原因主要是工程量计算和单价有误。

4.多向绿化标段承包商计量结算工程价款26.40万元。

(1)绿化1标段由河南万绿园林绿化工程有限公司承建。建设单位送审金额567.20万元,审计核定550.12万元,多计工程价款17.08万元。其原因主要是多计蜀桧、红叶李、雪松、中叶麦冬、栾树等工程量。

(2)绿化2标段由河南林峰园林绿化工程有限公司承建。建设单位送审金额3495.87万元,审计核定3486.55万元,多计工程价款9.32万元。其原因主要是多计早园竹、白蜡、楸树、大叶女贞、玫瑰红花色紫薇、红叶石楠、红王子锦带等工程量。

5.多向13个交安标段承包商计量结算工程价款68.06万元。

(1)标线1标段由河南富昌道路设施有限公司承建。建设单位送审金额399.37万元,审计核定398.87万元,多计0.5万元,系冷漆型临时标线等工程量不实。

(2)标线2标段由开封市通达公路工程有限公司承建。建设单位送审金额259.67万元,审计核定258.57万元,多计1.10万元,系2号标线工程量不实。

(3)标线3标段由安徽恒通交通工程有限公司承建。建设单位送审金额679.18万元,审计核定679.07万元,多计0.11万元,系标线工程量不实。

(4)标线4标段由天津华安公路交通工程有限公司承建。建设单位送审金额298.58万元,审计核定298.09万元,多计0.49万元,系临时标线工程量不实。

(5)标线5标段由天津华安公路交通工程有限公司承建。建设单位送审金额262.28万元,审计核定261.73万元,多计0.55万元,系临时标线工程量不实。

(6)标志1标段由江苏博纳华交通科技有限公司承建。建设单位送审金额1419.9万元,审计核定1418.98万元,多计0.92万元,系基础混凝土工程量不实。

(7)标志2标段由周口市公路交通设施有限公司承建。建设单位送审金额1942.07万元,审计核定1940.31万元,多计1.76万元,系混凝土工程量不实。

(8)波形护栏1标段由山西长达交通设施有限公司承建。建设单位送审金额3147.44万元,审计核定3145.91万元,多计1.53万元,系反光膜工程量不实。

(9)波形护栏2标段由河南省新乡六通实业有限公司承建。建设单位送审金额1559.61万元,审计核定1558.67万元,多计0.94万元,系桥梁防眩板工程量不实。

(10)波形护栏3标段由潍坊东方交通设施工程有限公司承建。建设单位送审金额2608.49万元,审计核定2607.50万元,多计0.99万元,系附着式轮廓标工程量不实。

(11)波形护栏4标段由天津华安公路交通工程有限公司承建。建设单位送审金额2042.58万元,审计核定2041.79万元,多计0.79万元,系桥梁防眩板工程量不实。

(12)波形护栏5标段由山东富博交通设施有限公司承建。建设单位送审金额1957.09万元,审计核定1956.1万元,多计0.99万元,系桥梁防眩板工程量不实。

(13)交通机电标段由河南中天高新智能科技开发有限责任公司承建。建设单位送审金额3607.18万元,审计核定3549.79万元,多计工程价款57.39万元。其原因主要是多计安全生产费、勘察设计费,多计电力人孔、太阳能电池板材料价格、程控系统的扩容暂定额以及四路视频复用光端机等。

6.多向旧路改造标段承包商计量结算工程价款115.53万元。

(1)旧路改造1标段由安徽水利开发股份有限公司承建。建设单位送审金额1954.76

万元,审计核定 1904. 97 万元,多计保通费 49. 79 万元。

(2)旧路改造 2 标段由上海先为土木工程有限公司承建。建设单位送审金额 1495. 55 万元,审计核定 1479. 90 万元,多计工程价款 15. 66 万元。其原因主要是多计桥面铺装钢筋与植筋、现浇 C60 钢纤维混凝土、拆除铺装层及铰缝混凝土、旧桥梁板底勾缝等工程量。

(3)旧路改造 3 标段由上海久坚加固工程有限公司承建。建设单位送审金额 1612. 24 万元,审计核定 1604. 46 万元,多计工程价款 7. 78 万元。其原因主要是多计拆除混凝土铺装层、旧桥梁板底勾缝、植筋等工程量。

(4)旧路改造 4 标段由北京特希达科技有限公司承建。建设单位送审金额 1908. 82 万元,审计核定 1893. 26 万元,多计工程价款 15. 56 万元。其原因主要是多计拆除混凝土铺装层、旧桥梁板底勾缝、桥面铺装钢筋、化学灌浆修补裂缝灌胶等工程量。

(5)旧路改造 5 标段由中交三公局桥梁隧道工程有限公司承建。建设单位送审金额 3061. 32 万元,审计核定 3034. 57 万元,多计工程价款 26. 75 万元。其原因主要是多计旧桥板底粘贴碳纤维布、拆除铺装层及铰缝混凝土、旧桥梁板底勾缝等工程量。

上述行为违反了《建设工程价款结算暂行办法》(财建〔2004〕369 号)第十一条"工程价款结算应按合同约定办理,合同未作约定或约定不明的,发、承包双方应依照下列规定与文件协商处理:(一)国家有关法律、法规和规章制度;(二)国务院建设行政主管部门、省、自治区、直辖市或有关部门发布的工程造价计价标准、计价办法等有关规定;(三)建设项目的合同、补充协议、变更签证和现场签证,以及经发、承包人认可的其他有效文件;(四)其他可依据的材料"的规定。根据《河南省政府投资建设项目审计条例》第三十六条"审计机关对审计发现的多计工程价款等问题,应当责令建设单位与施工单位依法据实结算"和上述文件规定,安新项目部应与各施工单位依法据实结算工程价款。

(三)工程招标投标及项目管理中存在的问题。

1.部分标段投标单位涉嫌串标,涉及金额 7184. 16 万元。

(1)房建 1 标 3 家投标单位涉嫌串标,涉及合同金额 3576. 98 万元。

安新改扩建项目房建 1 标招标文件中工程量清单共有 744 项。经审计,中标单位北京城建二建设工程有限公司的投标文件与该标段另外 2 家投标单位,即林州市建筑工程兰公司和郑州东风建筑工程有限公司的投标文件,有 742 项清单项目报价完全相同,相同率 99. 73%。上述 3 家单位涉嫌串通投标,涉及合同金额 3576. 98 万元。

(2)交通机电标 2 家投标单位涉嫌串标,涉及合同金额 3607. 18 万元。

交通机电标中标单位河南中天高新智能科技开发有限责任公司与该标段另外 1 家投标单位,即陕西高速交通工贸有限公司的投标文件,技术建议书内容及字间距、标点符号等格式异常相同,响应表的表格长宽高、内容完全一致,涉嫌串通投标,涉及合同金额 3607. 18 万元。

上述行为违反了《中华人民共和国招标投标法》第三十二条"投标人不得相互串通投标报价,不得排挤其他投标人的公平竞争,损害招标人或者其他投标人的合法权益。投标人不得与招标人串通投标,损害国家利益、社会公共利益或者他人的合法权益。禁止投标人以向招标人或者评标委员会成员行贿的手段谋取中标"和《中华人民共和国招标投标法实施条例》(国务院令第 613 号)第四十条第(四)项"有下列情形之一的,视为投标人相互串通投标:(四)不同投标人的投标文件异常一致或者投标报价呈规律性差异"的规定。

2.未按规定履行公开招标程序,涉及合同金额 232. 1 万元,且存在违规转包问题。

安阳服务区、鹤壁服务区综合楼室内装饰装修设计业务未经招标,由安新项目部直接发包委托相关单位承揽,涉及合同金额232.1万元。其中:安阳服务区综合楼室内装饰装修设计业务由河南省交通规划勘察设计院有限责任公司承揽,签订合同金额192万元。延伸审计发现,该公司在收取31.89万元管理费后,又将设计业务转包给上海思橙建筑设计工程有限公司进行设计,双方签订合同160.11万元。

上述行为违反了《工程建设项目招标范围和规模标准规定》(国家发展计划委员会令第3号)第七条"本规定第二条至第六条规定范围内的各类工程建设项目,包括项目的勘察、设计、施工、监理以及与工程建设有关的重要设备、材料等的采购,达到下列标准之一的,必须进行招标:(一)施工单项合同估算价在200万元人民币以上的;(二)重要设备、材料等货物的采购,单项合同估算价在100万元人民币以上的;(三)勘察、设计、监理等服务的采购,单项合同估算价在50万元人民币以上的;(四)单项合同估算价低于第(一)、(二)、(三)项规定的标准,但项目总投资额在3000万元人民币以上的",及《建设工程勘察设计管理条例》(中华人民共和国国务院令第293号)第二十条"建设工程勘察、设计单位不得将所承揽的建设工程勘察、设计转包"的规定。

根据《中华人民共和国审计法实施条例》(国务院令第571号)第四十条第(三)项"对依法应当追究有关人员责任的,向有关主管机关、单位提出给予处分的建议;对依法应当由有关主管机关处理、处罚的,移送有关主管机关;涉嫌犯罪的,移送司法机关"的规定,省高发公司应进一步调查,并依法处理。

(四)不合理支出增加投资278.6万元。

1.不合理变更增加投资93.96万元。

为增加预制构件美观效果,安新项目部同意土建16标施工单位路桥华东工程有限公司在预制构件中添加光亮剂,同时使用易损模板来增加表面光亮度,以达到创优目标。预制构件路肩U型槽实际埋设于地面以下,没有必要增加成本使用光亮剂和易损模板,该变更不切实际,不合理增加成本93.96万元。

2.支付原安新高速公路1994至1996年建设期间遗留问题补偿,增加投资76.25万元。

安新改扩建项目决算中列支原安新高速公路1994至1996年建设期间遗留问题补偿76.25万元,其中:原施工单位拖欠浚县民工清理土方工资2.30万元,拖欠李秋生土方运费5.88万元,拖欠钜桥镇各村土方款38.07万元;钜桥镇人民政府协调费10万元;文峰区中华路办事处任家庄原取土、土地补偿款等20万元。

3.省高发公司各项不合理支出,增加投资108.39万元。

(1)按照省高发公司的要求,各在建高速项目公司按其项目概算批复建设单位管理费的5%向省高发公司缴纳管理费。截至审计决算日,安新改扩建项目列支64.79万元。

(2)2010年,省高发公司对安新改扩建工程概预算执行情况进行了审计,并以安新项目部"勘察设计未招标"为名,根据《中华人民共和国招标投标法》收取安新项目部罚款2.35万元。

(3)按照省高发公司的要求,2008年8月25日,安新项目部为高速交警购置三菱帕杰罗越野车一辆,价值41.25万元。

上述1至4项行为不符合财政部《基本建设财务管理规定》(财建〔2002〕394号)第三条"基本建设财务管理的基本任务是:贯彻执行国家有关法律、行政法规、方针政策;依法、合理、及时筹集、使用建设资金;做好基本建设资金的预算编制、执行、控制、监督和考核工作,严格控制建设成本,减少资金损失和浪费,提高投资效益”的规定。根据《中华人民共和国审计法》第四十五条第(五)项“其他处理措施”的规定,建设单位在以后的工作中要严格项目投资管理,提高资金使用效益,避免损失浪费行为的发生。

四、延伸审计调查方面存在的问题

本次审计,对与项目直接相关的勘察、设计、施工、监理等单位取得项目建设资金的真实性,以及项目征地拆迁等事项进行了延伸调查。延伸调查发现的问题另行反映。

五、项目概算执行情况评价与运营效果分析

(一)概算执行情况

安新改扩建项目竣工决算总值为456559.16万元,与批复概算465858万元相比,节约概算9298.84万元,节约概算1.99%。分析节约概算主要原因,一是按照省高发公司要求,建设单位将质量考核列入招标文件,按比例提取各参建单位的质量基金,在施工过程中对各参建单位进行阶段统一评比,优奖劣罚,充分调动了各参建单位的积极性,施工质量整体较好,返工少;二是建设单位重视项目管理,较为严格地执行了项目概算,概算外变更较少,使总投资有效地控制在概算之内。但部分分项存在较突出的超概算列支现象,需要进一步加强管理,如本项目建设单位管理费超支约2926.94万元。

(二)通车后运营效果分析

2011至2014年,安新改扩建项目通车以来,车流量、通行费收入确有逐年递增趋势,年度亏损额也有所减少。安新高速公路的实际经营情况与项目可行性研究报告预测数据相比,运营效益高于预期,具体情况如下:

1.车流量高于可行性研究报告的预测。2011至2014年,可行性研究报告预测的车流量分别为3.71万辆、3.97万辆、4.25万辆和4.55万辆。而实际车流量分别为4.14万辆、4.57万辆、4.37万辆、4.42万辆,分别为可行性研究报告预测数的111.48%、114.99%、102.73%.97.07%。

2.通行费收入高于可行性研究报告的预测。2011至2014年,可行性研究报告预测的通行费收入分别为16395.19万元、18864.55万元、21584.70万元、24577.81万元,实际收入分别为141366.58万元、119444.18万元、83363.42万元和66130.51万元,分别为可行性研究报告预测数的862.24%.633.17%、386.22%、269.07%。

3.盈利高于可行性研究报告预测。2011至2014年,可行性研究报告预期各年度均亏损21845.38万元。2011年实际亏损11354.86万元,2012年实际亏损11812.12万元、2013年实际亏损13709.14万元,2014年实际盈利22664.62万元。

通车运营资料显示,部分年份车流量与通行费收入不配比,主要原因为2013年至2014年安新高速公路河北段改扩建,受其影响大货车多改道非高速路段通行,而非高速路大货车流量增加又促使小型车辆选择高速通行,在此期间车流量变化不大但通行费收入明显降低。综上所述,项目通车后车流量和通行费收入高于可行性研究报告预测指标。主要原因是由于与该项目连接的东、西向高速公路以及河北段改扩建均建成通车且运营良好,使车流量高于预期,提前扭亏为盈;同时,可行性研究报告分析较为保守。

六、审计建议

(一)建设单位应严格履行职责,执行基本建设程序有关规定,做好项目管理工作;规范招投标管理,严格按照相关规定组织招标投标工作;加强对设计、施工、监理等有关单位的监督管理,提高项目管理水平和建设效益;加强工程造价管理,严格按照有关法律法规和合同约定进行工程结算。

（二）完善制度，强化对高速公路参建各方的监督管理。针对施工单位违法转包、违规分包以及不合规票据入账问题，应研究制定相关办法，加强对施工单位的管理，减少违规问题，维护建筑市场秩序，保障工程质量。对于不提供资料和不配合审计的问题，要在招标和合同文件中明确处理处罚条款，实现对施工单位的有效约束和管理，杜绝再次出现上述问题。对该项目中不向审计提供有关资料的施工单位，建议主管部门在工程价款结算、招投标、市场准入等方面予以限制。

（三）由于项目竣工交付多年方才编制竣工财务决算报告，项目责任缺陷期已过，致使一些问题难以确认责任主体，影响投资成本的真实性。主管部门建应制定办法，强化已完工项目竣工财务工作，确保建设项目成本的真实有效。

（四）切实做好建设项目的后续工作，严格按规定用途合理使用预留费用，确保竣工验收工作顺利实施。

对本次审计中发现的问题，请省高发公司自收到本报告之日起90日内整改完毕，将整改结果书面报告河南省审计厅。

本报告及有关整改情况，河南省审计厅将依法以适当方式向社会公告。

附件：京珠国道主干线安阳至新乡高速公路改扩建建设项目竣工财务决算审定表

二〇一六年一月十三日

附件

京珠国道主干线安阳至新乡高速公路改扩建建设项目竣工财务决算审定表

序号	科　　目	中介结算金额	调整中介结算	审 减 金 额	审 定 金 额	备　　注
	合计	45 8516 2080.58	2386 4694.00	-4343 5137.94	45 6559 1636.64	
一	建安投资	37 9205 7855.00		-2103 4500.94	37 7102 3354.06	
	工程结算	37 9205 7855.00		-2103 4500.94	37 7102 3354.06	
二	待摊投资	7 4364 9297.88	2386 4694.00	-2117 7088.00	7 8869 1079.88	
1	建设单位管理费	6062 1752.27			6062 1752.27	
2	工程监理费	5131 8356.00		-18 0300.00	5113 8056.00	
3	勘察设计费	6449 4980.00	256 1094.00		6705 6074.00	
4	工程招评标费	-209 0951.50			-209 0951.50	
5	研究试验费	2009 9348.00	39 0000.00		2048 9348.00	
6	临时设施费	3 6300.00			3 6300.00	
7	财务费用	1 7767 1645.31			1 7767 1645.31	
8	征地拆迁费	3 4449 3816.49			3 4449 3816.49	
9	工程质量监督费	31 7000.00			31 7000.00	
10	其他待摊投资	2668 7051.31	2091 3600.00	-6469 7762.00	4110 2889.31	
11	预留费用			-2785 5150.00	2785 5150.00	
三	其他投资	584 8452.70			584 8452.70	
	车辆	458 7121.70			458 7121.70	
	办公设备	43 3466.00			43 3466.00	
	其他设备	71 1660.00			71 1660.00	
	办公厅生活用家具器具	11 6205.00			11 6205.00	
四	暂估账款	4357 7725.00		-4357 7725.00		
	预留待摊	3457 7725.00		-3457 7725.00		
	预留工程	900 0000.00		-900 0000.00		
五	无形资产	2 8750.00			2 8750.00	

河南省审计厅审计决定书

豫审投决〔2016〕5号

河南高速公路发展有限责任公司：

2015年9月10日至11月30日，我厅对你单位安新改建工程项目部（以下简称安新项目部）负责建设的京珠国道主干线安阳至新乡高速公路改扩建建设项目（以下简称安新改扩建项目）竣工财务决算情况进行了审计。根据《中华人民共和国审计法》第四十一条规定和其他有关法律法规，做出如下审计决定：

一、关于多列预留费用1572.25万元问题的处理

安新改扩建项目决算列支预留费用4357.77万元，经审计核定为2785.52万元，多列预留费用1572.25万元，其中：建设单位管理费178.25万元，设计费、检测费、协调费、鹤壁服务区土地划拨转出让费等各项费用783万元，不可预见费611万元。

上述行为违反了财政部《基本建设财务管理规定》（财建〔2002〕394号）第三十六条"基本建设项目竣工财务决算是正确核定新增固定资产价值，反映竣工项目建设成果的文件，是办理固定资产交付使用手续的依据。各编制单位要认真执行有关的财务核算办法，严肃财经纪律，实事求是地编制基本建设项目竣工财务决算，做到编报及时，数字准确，内容完整"的规定。根据《中华人民共和国审计法》第四十五条第（四）项"责令按照国家统一的会计制度的有关规定进行处理"和上述有关文件规定，安新项目部应调减投资1572.25万元。

二、关于多列缺陷责任期内发生的病害专项处治费用619.78万元问题的处理

安新项目部分别与河南省高速公路实业开发有限公司、河南通安高速公路养护工程有限责任公司、河南省路嘉路桥工程有限公司工程等三家单位签订"缺陷责任期病害专项处治合同"，合同约定如在各施工标段缺陷责任期内，应按专项处治费用扣除对应各标段质量保证金。截至审计日，在缺陷责任期内发生病害专项处治款619.78万元全部列入待摊投资，未按合同约定扣除各相应标段质量保证金。

上述行为违反了财政部、建设部《关于印发建设工程价款计量暂行办法的通知》（财建〔2004〕369号）第十一条第三项"工程价款计量应按合同约定办理，合同未作约定或约定不明的，发、承包双方应依照下列规定与文件协商处理：（三）建设项目的合同、补充协议、变更签证和现场签证，以及经发、承包人认可的其他有效文件"的规定。根据《中华人民共和国审计法》第四十五条第（四）项"责令按照国家统一的会计制度的有关规定进行处理"和上述规定，相关缺陷修复费用应由相应施工标段承担，安新项目部应调减待摊投资619.78万元。

三、关于多列道路补偿费用30万元问题的处理

安新项目部无依据支付土建5标无锡市交通工程有限公司在施工过程中对汤阴县白营乡道路造成的损坏补偿费用30万元，决算时列入待摊投资。

上述行为违反了财政部、建设部《关于印发建设工程价款计量暂行办法办法的通知》(财建〔2004〕369)第十一条第三项"工程价款计量应按合同约定办理,合同未作约定或约定不明的,发、承包双方应依照下列规定和文件协商处理:(三)建设项目的合同、补充协议、变更签证和现场签证,以及经发、承包人认可的基地有效文件"的规定。根据《中华人民共和国审计法》第四十五条第(四)项"责令按照国家统一的会计制度的有关规定进行处理"和上述规定,相关费用应由相应施工标段承担,安新项目部应调减待摊投资30万元,并调整相关账目。

四、关于多列监理费18.03万元问题的处理

安新项目部按照监理单位实际到位监理人员数量和合同单价,对施工监理A合同段郑州市中原公路工程监理有限公司、施工监理B合同段北京华通公路桥梁监理咨询有限公司进行监理费计量。经审计复核,安新项目部重复计量A合同段监理人员工资9万元,重复计量B合同段监理人员工资9.03万元。

上述行为违反了财政部《基本建设财务管理规定》(财建〔2002〕394号)第十九条中"待摊投资支出是指建设单位按项目概算内容发生的,按照规定应当分摊计入交付使用资产价值的各项费用支出"的规定和监理业务委托合同内关于监理费用计量的相关规定。根据《中华人民共和国审计法》第四十五条第(四)项"责令按照国家统一的会计制度的有关规定进行处理"和上述规定,安新项目部应调减待摊投资18.03万元。

五、竣工财务决算漏列投资2386.47万元问题的处理

安新项目部委托河南瑞祥会计师事务所有限公司编制项目竣工财务决算。经审核,编制决算中漏列部分合同尾款2386.47万元,其中:设计费282.48万元,水土保持监测、报告编制及监理费63万元,环保验收及突发环境事件应急预案48万元,京港澳安阳文峰立交桥建设资金1907.63万元,课题费57万元,中介决算审计费28.36万元。

上述行为违反了财政部《基本建设财务管理规定》(财建〔2002〕394号)第十九条"待摊投资支出是指建设单位按项目概算内容发生的,按照规定应当分摊计入交付使用资产价值的各项费用支出"、第三十六条"基本建设项目竣工财务决算是正确核定新增固定资产价值,反映竣工项目建设成果的文件,是办理固定资产交付使用手续的依据。各编制单位要认真执行有关的财务核算办法,严肃财经纪律,实事求是地编制基本建设项目竣工财务决算,做到编报及时,数字准确,内容完整"的规定。根据《中华人民共和国审计法》第四十五条第(四)项"责令按照国家统一的会计制度的有关规定进行处理"和上述规定,安新项目部应调增投资2386.47万元。

六、关于相关施工标段承包商多计量结算工程价款2103.45万元问题的处理

(一)18个土建标段承包商多结算工程价款1345.64万元。其中:土建1标多计工程价款49.71元;土建2标多计工程价款85.33万元;土建3标多计工程价款66.66万元;土建4标多计工程价款65.67万元;土建5标多计工程价款52.36万元;土建6标多计工程价款83.89万元;土建7标多计工程价款91.80万元;土建8标多计工程价款49.08万元;土建9标多计工程价款91.58万元;土建10标多计工程价款92.38万元;土建11标多计工程价款52.20万元;土建12标多计工程价款94万元;土建13标多计工程价款88.75万元;土建14标多计工程价款93.11万元;土建15标多计工程价款42.75万元;土建16标多计工程价款98.18万元;土建17标多计工程价款48.36万元;土建18标多计工程价款99.81万元。

(二)7个路面标段承包商多结算工程价款321.83万元。其中:路面19标多计工程价款

49.02 万元；路面 20 标多计工程价款 49.83 万元；路面 21 标多计工程价款 29.67 万元；路面 22 标多计工程价款 30.46 万元；路面 23 标多计工程价款 52.69 万元；路面 24 标多计工程价款 15.42 万元；路面 25 标多计工程价款 94.72 万元。

（三）6 个服务区房建标段承包商多结算工程价款 225.99 万元。其中：房建 1 标多计工程价款 58.03 万元；房建 2 标多计工程价款 63.90 万元；房建了标多计工程价款 16.41 万元；房建 4 标多计工程价款 61.23 万元；装饰 1 标多计工程价款 15.13 万元；装饰 2 标多计工程价款 11.28 万元

（四）2 个绿化标段承包商计量多结算工程价款 26.4 万元。其中：绿化 1 标段多计工程价款 17.08 万元。绿化 2 标段多计工程价款 9.32 万元

（五）13 个交安设施、机电标段承包商多结算工程价款 68.06 万元。其中：标线 1 标段多计 0.5 万元；标线 2 标段多计 1.10 万元。标线 3 标段多计 0.11 万元；标线 4 标段多计 0.49 万元；标线 5 标段多计 0.55 万元；标志 1 标段多计 0.92 万元；标志 2 标段多计 1.76 万元；波形护栏 1 标段多计 1.53 万元；波形护栏 2 标段多计 0.94 万元；波形护栏 3 标段多计 0.99 万元；波形护栏 4 标段多计 0.79 万元；波形护栏 5 标段多计 0.99 万元；交通机电标段多计工程价款 57.39 万元。

（六）多向旧路改造标段承包商计量结算工程价款 115.53 万元。其中：旧路改造 1 标段多计保通费 49.79 万元。旧路改造 2 标段多计工程价款 15.66 万元；旧路改造 3 标段多计工程价款 7.78 万元；旧路改造 4 标段多计工程价款 15.56 万元；旧路改造 5 标段多计工程价款 26.75 万元。

以上行为，违反了财政部、建设部《关于印发建设工程价款计量暂行办法的通知》（财建〔2004〕369 号）第十一条"工程价款计量应按合同约定办理，合同未作约定或约定不明的，发、承包双方应依照下列规定与文件协商处理：（一）国家在关法律、法规和规章制度；（二）国务院建设行政主管部门、省、自治区、直辖市或有关部门发布的工程造价计价标准、计价办法等有关规定；（三）建设项目的合同、补充协议、变更签证和现场签证，以及经发、承包人认可的其他有效文件；（四）其他可依据的材料"的规定。根据《河南省政府投资建设项目审计条例》第三十六条"审计机关对审计发现的多计工程价款等问题，应当责令建设单位与施工单位依法据实计量"和上述规定，你单位应依法据实结算上述工程价款。

本决定自送达之日起生效。你单位应当自收到本决定之日起 90 日内将本决定执行完毕，并将审计决定执行情况函告我厅。

如果对本决定不服，可以在本决定送达之日起 60 日内，向河南人民政府或审计署申请行政复议；或者在本决定送达之日起 3 个月内，向郑州市金水区人民法院提起行政诉讼。复议或者诉讼期间本决定照常执行。

二〇一六年一月十三日

关于京珠国道主干线安阳至新乡高速公路改扩建竣工决算的审核认定意见

依据交通运输部《公路工程竣(交)工验收办法实施细则》(交公路发〔2010〕65号)及我厅《关于进一步加强我省高速公路和普通干线公路竣(交)工验收工作的通知》(豫交文〔2014〕32号)的文件要求,我厅于2016年3月15日对京珠国道主干线安阳至新乡高速公路改扩建建设项目的竣工决算进行审核。我们的审核是基于河南省计厅于2016年1月13日出具的审计报告(豫审投报〔2016〕7号)和审计决定书(豫审投决〔2016〕5号),审计基准日为2015年5月31日,审定京珠国道主干线安阳至新乡高速公路改扩建竣工决算为456,559.16万元。我们本次审核的主要内容为审计决定书提出问题的整改情况、竣工决算基准日后尾工工程及预留费用的实施和开支情况以及其他需要说明的事项。审核意见如下:

一、审计决定书中所列问题全部执行完毕。

二、尾工工程

该项目预留尾工工程。

三、预留费用

省审计厅以2015年5月31日为基准日,审定京珠国道主干线安阳至新乡高速公路改扩建预留费用为2785.52万元,截至2015年5月31日,预留费用已计列4357.77万元,多列1572.25万元,安新改建工程项目部已按审计决定书调减建设成本1572.25万元。

四、认定意见

最终认定京珠国道主干线安阳至新乡高速公路改扩建竣工决算为456.559.16万元。

二〇一六年三月十八日